Patrick Legun

humanvoll

Patrick Legun

humanvoll

Wie ich begann, Menschen glücklich zu
machen, und dabei entdeckte, dass darin
die wahre Freude des Lebens liegt

Originalausgabe
1. Auflage 2024
Verlag Komplett-Media GmbH
2024, München
www.komplett-media.de
ISBN: 978-3-8312-0639-1
Auch als E-Book erhältlich

Lektorat: Redaktionsbüro Diana Napolitano, Augsburg
Korrektorat: Elisa Garrett, Bayreuth
Umschlaggestaltung: FAVORITBUERO, München
Satz: Daniel Förster, Belgern
Druck & Bindung: MultiPrint Ltd.,10A Slavyanska str., 2230 Kostinbrod, Bulgaria

Gedruckt in der EU

Für all jene, die an meiner Seite stehen,
selbst wenn meine Ideen verrückt erscheinen.

Eure Unterstützung ermöglicht es mir
zu wachsen und mich zu entfalten.

Danke, dass es euch gibt.

INHALT

IM CAFÉ DER GESCHICHTEN

Stell dir vor, du sitzt allein auf der Terrasse eines charmanten kleinen Cafés, versteckt in einer malerischen Altstadt. Der Kellner hat dir gerade einen Cappuccino gebracht, und die warmen Sonnenstrahlen berühren sanft dein Gesicht. Du wartest auf deine Verabredung, die sich etwas verspätet. Am Nachbartisch sitzt ein Mann mit Sonnenbrille, der sich plötzlich zu dir umdreht und dich anlächelt. Langsam nimmt er die Sonnenbrille ab, legt sie beiläufig auf den Tisch und beginnt, dir in die Augen schauend, mit einer sanften, ruhigen Stimme seine unglaubliche Geschichte zu erzählen:

Er spricht von einem Menschen, der sich im hektischen Alltag verloren gefühlt hat und begann, sich die Frage zu stellen, wer er wirklich ist. Ein Schicksalsschlag ließ ihn an vielem zweifeln, was er zuvor als selbstverständlich angesehen hatte. Inmitten seiner Verzweiflung nahm eine Suche nach Sinn ihren Lauf. Schicht um Schicht legte er die Identitäten ab, die ihm auferlegt worden waren und die er akzeptiert hatte. Darunter fand er eine Leere, die er langsam anfing zu ergründen und zu verstehen. Sie durchdrang ihn zunächst mit Trauer und Unsicherheit, offenbarte sich aber allmählich als Raum voller Möglichkeiten.

In dieser Stille, frei von äußeren Erwartungen und fremden Vorstellungen, entdeckte er eine tiefe Sehnsucht nach Authentizität und Erfüllung. Er beschäftigte sich von nun an mit Dingen, die ihm wirklich am Herzen lagen, und erforschte seine persönlichen Werte. Dabei fand er eine Leidenschaft für die kleinen, oft übersehenen Momente des Lebens.

Mit jedem Tag lernte er, sich selbst mehr zu vertrauen. Auf seinem Weg, sein Leben nach seinen eigenen Werten zu gestalten, begegnete er verschiedensten Menschen, die Eigenschaften verkörperten, die er bei erfüllten Menschen immer wieder beobachtet hatte. Diese Facetten hoben sich allmählich wie ein Schleier. Sein Bestreben, diesen Schleier zu lüften und die dahinterliegende Realität zu enthüllen, trieb ihn dazu an, durch Selbstexperimente verschiedene Perspektiven des Menschseins zu erkunden. Schließlich, als der letzte Schleier fiel, konnte er das vollständige Bild bewundern, das sich ergab – das Wunder der Menschlichkeit. Eine Kraft, die den meisten im Verborgenen bleibt, obwohl sie in jedem von uns steckt und nur darauf wartet, wiederentdeckt zu werden.

Er erzählt von der Einsamkeit, die er verspürte, da er seine Erlebnisse nicht in Worte fassen konnte, um sie seinem Umfeld tiefgründig zu erklären. So ließ er die Worte hinter sich und zeigte der Welt Bilder und Videos dessen, was er entdeckt hatte. Diese Aufnahmen der Menschlichkeit in alltäglichen Situationen berührten Menschen weltweit. Sie fingen an, sich ihm anzuschließen, und es entstand eine Gemeinschaft – die Gemeinschaft »humanvoll«. Er war nicht mehr allein. Auf seinem Weg erkannte er:

Glück ist nichts, das man findet, sondern etwas, das Menschen einander schenken können.

Wenn ein Mensch einen anderen glücklich macht, strahlt dieses Glück auf ihn zurück. Diese Quelle der Freude ist unvergleichlich. Glück entsteht im Helfen. Leben wir danach, können wir auf ein sinnvolles Leben zurückblicken. So wurde aus der anfänglichen Leere eine Quelle des Wachstums.

*Seine Erlebnisse lehrten ihn,
dass wahre Freude nicht im Festhalten,
sondern im Teilen und Geben liegt.*

In diesem Bewusstsein fand er die Freiheit, sein Leben aus einer neuen Perspektive zu gestalten und anderen Menschen eine Inspiration zu sein.

Während er seine Geschichte erzählt, verschmilzt dein Herz allmählich im Einklang mit seinem und mit jedem weiteren Nachbartisch, der die Worte mithört. Dies ist keine bloße Fantasie, sondern wird durch zahlreiche literarische Werke bestätigt. Wenn du gemeinsam mit anderen aufmerksam einer Erzählung lauschst, synchronisieren sich eure Herzschläge auf subtile Weise. Eine unsichtbare Verbindung webt sich zwischen euch. Diese Verbundenheit ist ebenso real wie die Geschichten, die du hörst, und die Lehren, die du daraus ziehst.[1]

Der erzählende Mann … das bin ich.

Dieses Buch erzählt von meinen Suchen und Entdeckungen, von den Begegnungen, die mein Leben geprägt haben. Durch lebendige Anekdoten möchte ich dir Einblicke geben und zeigen, wie ich zu meinen Einsichten gelangt bin. Ich werde dir anhand von wissenschaftlichen Studien verdeutlichen, wie selbst kleine Veränderungen in unserem Alltag positive Auswirkungen auf Körper und Geist haben können, und wie sie uns zu einem erfüllteren Leben führen können. Die Wissenschaft hilft dabei, das Unsichtbare greifbar zu machen – sei es durch die Funktionsweise unseres Gehirns oder die Wirkung bestimmter Hormone. Zudem werde ich soziale Phänomene beleuchten, insbesondere die Glaubenssätze, die wir oft unbewusst in unserem täglichen Leben übernehmen.

Im Fokus dieses Buches soll jedoch nicht meine Person stehen, sondern du. Lass dich auf die Anekdoten ein, versuche, in sie einzutauchen. Diese Geschichten sind so geschrieben, als ob sie gerade in diesem Moment passieren würden. Als ich sie niederschrieb, tauchte ich noch einmal tief in die Situationen ein, konzentriert und präsent im Hier und Jetzt. Ich wollte meine Gedanken erneut hören und meine Gefühle wieder spüren. Sie sollen dir einen Einblick geben, wie ich zu meinen Erkenntnissen gelangt bin. So kannst du diese Reise gemeinsam mit mir erleben und verstehen, wie die Erkenntnisse Stück für Stück zu einem Ganzen wurden.

So wie diese Geschichten für dich sind, ist auch die Reise für dich bestimmt. Dieses Buch möchte dir ein tiefes Verständnis dafür vermitteln, was es bedeutet, Mensch zu sein, sowohl in seiner Einzigartigkeit als auch in seiner Verbindung mit anderen. Es soll dich dazu anregen und ermutigen, deine eigene Identität zu leben, ohne dabei deine Menschlichkeit aus den Augen zu verlieren. Denn eines steht fest:

Wir sind alle Menschen, und deshalb sollten wir auch stets unsere Menschlichkeit zum Ausdruck bringen.

Die Werkzeuge, die ich für mich entdeckt habe, möchte ich gern mit dir teilen. Sie sollen dir im Alltag zur Seite stehen, stets bereit, von dir genutzt zu werden.

Im Anhang des Buches findest du Raum für deine persönlichen Notizen, den du nach Belieben nutzen kannst, um deine Gedanken festzuhalten. Diese Notizen können dir auch dabei helfen, die verschiedenen Aufgaben zu bewältigen, die im Buch verstreut sind und dich dabei unterstützen sollen, persönlich zu wachsen.

Ich habe dieses Buch geschrieben, weil ich den Wunsch verspürte, all das, was ich entdeckt habe, nicht für mich zu behalten. Es ist kein Geheimnis, das ich hier enthülle, sondern vielmehr die Essenz des Lebens, die oft im hektischen Alltag und unter dem Druck vieler anderer Faktoren übersehen wird.

Mit diesem Buch möchte ich ein Bewusstsein für das Wesentliche schaffen, das unweigerlich zur Freude am Leben beiträgt.

Ein Buch bietet die Gelegenheit, tief in eine Gedankenwelt einzutauchen und sich auf eine Weise zu öffnen, wie es in einem Gespräch oder anderen Formen der Kommunikation oft nicht möglich ist. In einer Zeit, in der Lebensberater uns lehren, wie wir durch finanzielle Unabhängigkeit Glück erlangen können, und Werbungen strahlende Familien zeigen, die in ihren neuen Autos fahren, wird ein Bild des Glücks vermittelt, das stark selbstbezogen ist: »Ich finde Glück nur in mir und muss es mir nehmen, ich verdiene es.«

Ja, wir verdienen Glück, doch oft suchen wir an den falschen Stellen, eben dort, wo es uns die Welt suggeriert. An diesen Orten werden wir nicht das Glück finden. Denn fernab dieser Vorstellungen von Glück liegt das Helfen. Wie wir sehen werden, ist es genau das, was unserem Leben Sinn verleiht. Und Sinn wiederum bringt uns wahre Freude.

Ich lade dich ein, diese Reise gemeinsam mit mir anzutreten, und am Ende wirst du vielleicht die Welt mit ganz neuen Augen sehen, genauso wie ich es erfahren habe.

Erster Teil

STATUS QUO: ZWISCHEN FITNESSGURUS UND TIBETISCHEN MÖNCHEN

Kapitel 1

ILLUSION VS. REALITÄT

Die Realität ist hart, aber Schokolade hilft

Im zarten Alter von vier Jahren habe ich meinen Vater mit einer Frage zum Staunen gebracht. Eine Frage, die selbst die klügsten Köpfe der Menschheit seit Anfang der Zeit beschäftigt. Philosophen zerbrechen sich darüber den Kopf, Theologen streiten sich darüber und Wissenschaftler suchen in den Weiten des Universums nach Antworten. Nun musste mein Vater eine Antwort auf die Frage »Wo war ich, bevor ich war?« finden.

Stell dir vor: Ein laufender Meter mit einer Frisur wie ein Pilz, der dir aus seinem Kinderzimmer im Badezimmer entgegenkommt und mit seinen Spielzeugautos kurz davor noch so tat, als wäre er Michael Schumacher, steht, während du ihm die Zahnbürste fertigmachst, vor dir und verlangt nach einer Antwort, weil Eltern nun mal alles wissen. Verblüfft von dieser Frage zögerte mein Vater jedoch nicht lange und antwortete mir: »Bei Gott, mein Sohn!« Wenn ich heute darüber nachdenke, finde ich die spontane Antwort sogar ziemlich gut, aber damals dachte ich kurz nach und konnte mich einfach nicht daran erinnern, bei Gott gewesen zu sein. Ich antwortete ihm kritisch: »Bei welchem Gott?« und fügte hinzu »Kann mich nicht erinnern, da gewesen zu sein.«

Mein Vater bewahrte diese Anekdote, einer seiner Lieblingsgeschichten über mich, auf und sie kursiert bis heute bei Familienfeiern. Die anderen Anekdoten von ihm erspare ich dir.

Schon früh mochte ich es, die Welt durch das Denken zu erkunden. Mit Mitte 20 hatte sich mein Gedankenkarussell nicht etwa verlangsamt, sondern entwickelte sich zur Achterbahn der Philosophie. Ich zerbrach mir den Kopf über alles Mögliche, von klassischen Fragen wie »Was ist der Sinn des Lebens?« bis zu Definitionsfragen wie »Wenn ich über die Farbe Blau rede, siehst du die gleiche Farbe, oder siehst du die Farbe, die für mich Rot wäre, aber weil du es beigebracht bekommen hast, dass diese Farbe ›Blau‹ heißt, nennst du sie auch so?«. Wenn du die Antwort weißt, schreib sie mir gern.

Und natürlich war da noch die Frage: »Wo war ich, bevor ich war?«, die ich zu »Was passiert nach dem Tod?« ausweitete.

Verzweifelt versuchte ich, Antworten zu finden, wälzte Bücher über Philosophie und Religionen, quälte mich mit abstrakten Theorien und verlor mich in endlosen Gedankenschleifen. Je mehr ich grübelte, desto tiefer versank ich im Strudel der Sinnlosigkeit, denn für vieles gab es keine konkrete Antwort. »Wenn es für die wichtigsten Fragen keine Antwort gibt, warum überhaupt aus dem Bett aufstehen?«, fragte ich mich. »Alles ist doch eh egal!« Meine Freude am Leben verkümmerte. Ich war ein Gefangener meiner rastlosen Gedanken.

Als ich an einem Freitag auf Spotify die neusten Veröffentlichungen der Künstlerinnen und Künstler durchstöberte – bekannt als der »New-Music-Friday« oder »Neue-Musik-Freitag« –, stieß ich auf ein Techno-Stück namens »Overthinker« von INZO, einem mir bis dato unbekannten Musikproduzenten. Zu Beginn des Stücks trifft eine angenehm warme Stimme in englischer Sprache auf einen. Ich weiß nicht, wo sie mich traf, aber das, was sie gesagt hat, führte zu einer explosiven Verbindung meiner neuronalen Gehirnnetze, anders gesagt: Gänsehaut überzog meinen Körper und ich wusste, da passiert gerade was in mir. Es war kein normales Lied, sondern ein Monolog, untermalt mit elektronischer Musik. Ich drückte schnell auf Pause, spulte zurück und hörte noch mal:

»Eine Person, die ständig nachdenkt, hat außer Gedanken nichts, über das sie nachdenken kann. Dadurch verliert sie den Bezug zur Realität und lebt in einer Welt der Illusionen.«

Diese Worte trafen einen Nerv. Ich war der festen Überzeugung, dass mich mein Nachdenken über die Welt näher an ihre Realität heranführen würde. Zur Klarheit darüber, wie die Dinge funktionieren und welchen Sinn sie haben. Doch nun stellte ein Lied diese Gewissheit infrage. Verwirrt, aber gleichzeitig neugierig, lauschte ich den weiteren Worten des Mannes.

»Wie alles andere ist es in Maßen nützlich. Ein guter Diener, aber ein schlechter Herr. Und alle sogenannten zivilisierten Völker sind zunehmend verrückt und selbstzerstörerisch geworden, weil sie durch übermäßiges Denken den Kontakt zur Realität verloren haben [...] Was ist Realität? Offensichtlich kann es niemand sagen, denn es sind keine Worte.«

Wie ein Echo hallten die Worte des Mannes in meinem Kopf wider und rüttelten an meiner Welt. War es möglich, dass ich mich all die Zeit auf dem Holzweg befand? Ich verlor mich im Labyrinth der Gedankenwelt, welches meine Präsenz in der Gegenwart, der Realität, verhinderte.

Sind Gedanken nicht bloß Worte?
Und wenn Realität keine Worte sind, dann kann sie auch nicht durch Gedanken allein erfasst werden.

Es bedarf also der Erfahrung der Gegenwart, um die wahre Natur der Realität zu begreifen. Es öffnete mir die Augen für die Illusion, die ich selbst konstruiert hatte und mein unbewusstes Handeln prägte. Besonders meine Beziehungen litten unter meiner Abwesenheit, meiner Unfähigkeit, im Hier und Jetzt zu sein.

Die samtig warme Stimme des Mannes bot glücklicherweise auch eine Lösung an: »Das ist der Beginn der Meditation.« Meditation – der Schlüssel, um die Balance zwischen dem endlosen Lärm des Verstandes und dem Sein in der Gegenwart zu finden? Der Weg zur verlorenen Realität? Es erschien mir plausibel, weswegen es rauszufinden galt, ob das mein Weg ist.

Entschlossen, mehr über den Mann zu erfahren, durchforstete ich das Internet und stieß auf den Namen Alan Watts. Ein britischer Religionsphilosoph, der sein Leben der Vermittlung östlicher Weisheiten an den Westen widmete. Der Ausschnitt im Musikstück, der mich zum Grübeln gebracht hatte, stammte aus seinem Hörbuch »Alan Watts Teaches Meditation«.[2]

Zu dem Zeitpunkt wirkte Meditation auf mich wie etwas Abstraktes und Fremdes, von dem ich nur vage Kenntnisse besaß. Dennoch tat ich alles, was mir aus Film und Fernsehen darüber bekannt war, und das war, wie gesagt, nicht viel. Ich nahm ein Kissen, legte es auf den Boden, suchte auf YouTube nach meditativer Musik und fand das Video »Der Klang des inneren Friedens«. Im Schneidersitz versank ich mit geschlossenen Augen ins Kissen und versuchte, mich auf die Gegenwart zu konzentrieren. Ohne Erfolg. Ich dachte über mein übermäßiges Denken nach und wie paradox es ist, dass ich über das Nachdenken nachdenke. Frustriert öffnete ich die Augen und schaute in Richtung meines Schokoladenvorrats. Er schien mich anzulächeln, weshalb ich aufstand und reingriff. Plötzlich kam mir eine Idee in den Sinn! Ich kehrte zurück zum Kissen, schloss erneut meine Augen und versuchte, mich nun vollkommen auf die Schokolade zu konzentrieren, ohne einen Gedanken an etwas anderes zu verschwenden. Meine Welt versank in einem Meer aus süßer Glückseligkeit, die auf meiner Zunge schmolz.

So stand ich also am Anfang eines Weges, dessen Ziel mir noch unklar war. Ein Weg, der voller Herausforderungen und Überraschungen steckte und der am Ende vielleicht sogar zu einem tieferen Verständnis meiner selbst führen würde.

Diese Geschichte ist eine, die mir so manche Lektion über das Leben erteilt hat. Die Frage nach dem Sinn des Lebens beschäftigt früher oder später jeden Menschen. Auch ich suchte nach dem Kern des Seins und Sinns, versuchte, durch das exzessive Denken die Antwort zu finden. In meinem damaligen Ich war ich fest davon überzeugt – und das hat sich bis zum heutigen Tage nicht geändert –, dass das Leben nur dann in voller Pracht erstrahlt, wenn es einen Sinn in sich trägt.

Ein Hauch von Sinn verleiht jeder Aktivität Freude.

Also war mein Bestreben, der Aktivität »Leben« einen Sinn einzuflößen. Wie du weißt, versuchte ich bisher, den Sinn durch logisches Denken zu finden. In der Annahme, dass der Sinn in den Dingen selbst verborgen liegt, grub ich tief, um ihn zu finden. Ich suchte daher die Realität, denn Illusionen entsprechen nicht der Wirklichkeit, sind also Unsinn. Doch ich suchte in den falschen Ecken. Eine banale Erfahrung erschütterte mein Weltbild und pflanzte ein neues ein. Durch dieses Erwachen erkannte ich, wie stark meine Illusion mein Handeln und meine Emotionen prägten. Die Suche nach dem Sinn lenkte mich von der Gegenwart ab und machte mich unnahbar. Ich verschloss mich in mir selbst und entfremdete mich von anderen Menschen.

Es ist wichtig zu verstehen, dass Illusionen uns steuern können. Es macht einen großen Unterschied, ob man denkt, das Richtige zu tun, oder es auch tatsächlich tut. Im ersten Fall handelt man nach der Illusion, im zweiten Fall nach der Realität. Es ist daher notwendig, mehr über Illusionen, ihre Hintergründe und Auswirkungen zu verstehen, um ihnen entgegentreten zu können.

Durch die Meditation lernte ich, meine Gedanken zu kontrollieren und präsenter in der Gegenwart zu sein. Ich nahm meine Umgebung und die Menschen um mich herum viel bewusster wahr. Durch meine Präsenz schienen Freunde lieber mit mir reden zu wollen, ich hörte wieder die Vögel zwitschern und konnte mich auch selbst besser spüren. Ich fand es daher sinnvoll, in der Gegenwart zu sein, weil ich mehr vom Leben wahrgenommen habe und feststellte, dass die Vergangenheit aus Erinnerungen besteht und die Zukunft ungewiss ist. Nur die Gegenwart ist uns gegeben.

Probiere die Wirkung der Meditation selbst aus, beispielsweise durch meine Schoko-Meditation. Dabei tauchst du in das Hier und Jetzt ein, indem du den Duft, den Geschmack und die sich wandelnde Konsistenz der Schokolade bewusst wahrnimmst. Im Internet findest du außerdem zahlreiche geführte Mediationen, die du ausprobieren kannst.

Inspiriert von Alan Watts wurde mir die Illusion der Zeit klar. Meine Gedanken kreisten oft um die Vergangenheit und die Zukunft, während die Gegenwart vernachlässigt wurde. Statt mich zu fragen: »Wo kommen wir her und wo gehen wir hin?«, stellte ich mir nun die Frage: »Wo bin ich jetzt?«. Im Laufe meiner Ereignisse, die du in dem Buch finden wirst, konnte ich weitere fundamentale Illusionen erkennen, die ich als die fünf grundlegenden Illusionen des Menschen zusammenfasse:

1. Die Illusion der Zeit
2. Die Illusion der Kontrolle
3. Die Illusion der Identität
4. Die Illusion der Trennung
5. Die Illusion der Objektivität

Die Illusion der Zeit

Das Konzept der Vergangenheit, der Gegenwart und der Zukunft stellt eine lineare Abfolge von Ereignissen dar, die nacheinander stattfinden. In Wirklichkeit existiert die Zeit jedoch nicht als eine objektive Realität, sondern ist eher eine menschliche Konstruktion, die uns hilft, Ereignisse zu ordnen und zu verstehen. Die Vergangenheit ist vergleichbar mit unseren Netflix-Wiedergabelisten, sie ist nur in Form von Erinnerungen gegeben. In der Liste sind all die Ereignisse unseres Lebens, wie einzelne Filme und Serien, lediglich gespeichert und als Gedanken beziehungsweise Informationen abrufbar.

Du liest gerade diesen Text. In dem Moment bist du bewusst und lebst im Jetzt. Die Vergangenheit, die Momente, bevor du diesen Text gelesen hast, existieren nur in deiner Erinnerung. Sie sind nicht mehr präsent oder erfahrbar, sondern nur noch als Gedanken in deinem Geist. Wenn du weiterliest, bewegst du dich durch die Zeit und das, was gerade noch Gegenwart war, wird sofort zur Vergangenheit. Sie ist nicht mehr direkt erfahrbar und damit nicht mehr real im Sinne des gegenwärtigen Moments – einem Rahmen, in dem wir uns als Menschen bewegen und unser Leben kreieren können. Und die Zukunft?! Die hat sich offensichtlich verlaufen und findet den Treffpunkt mit der Gegenwart nicht.

> *Die Zukunft ist weder als Information vorhanden noch erlebbar. Sie ist eine Vorstellung, in der sie sich verliert.*

Wenn wir nicht achtsam sind und die Gegenwart bewusst wahrnehmen, geraten wir entweder in die Falle, uns von der Vergangenheit gefangen nehmen zu lassen, oder wir hetzen der ungewissen Zukunft entgegen. Wir könnten uns in einer Existenz wiederfinden, die von Nostalgie beherrscht wird, ständig schwelgend in Erinnerungen an vergangene Tage, die wir als glorreich empfinden, oder wir könnten uns nur auf das Streben nach einem vermeintlich besseren Leben konzentrieren, ohne die Schönheit und Bedeutung des gegenwärtigen Augenblicks zu erkennen.

Methode der Desillusionierung:
Sei präsent.

Die Illusion der Kontrolle

Auf diese Illusion fallen wir immer wieder rein. Sie bezieht sich auf den Glauben, dass wir die Fähigkeit besitzen, Ereignisse und Umstände in unserem Leben vollständig zu steuern. In Wirklichkeit ist diese Kontrolle jedoch oft begrenzt oder sogar illusorisch. Wir mögen glauben, dass wir die Macht haben, unser Schicksal zu lenken, aber oft sind äußere Einflüsse, Zufälle oder unvorhergesehene Ereignisse diejenigen, die letztendlich über unser Leben bestimmen.

Wenn die Realität dann nicht unseren Vorstellungen entspricht, kann diese Illusion zu Stress, Frustration, Enttäuschung und Mangel an Anpassungsfähigkeit führen. Wie oft fällt in den ungünstigsten Situationen das Internet aus oder die Warteschlange im Supermarkt, die wir als die »schnellste« gründlich ausgesucht haben, entpuppt sich als die langsamste? Zumindest können wir immer noch entscheiden, wie wir auf die gegebene Situation reagieren – mit einem Lächeln oder einem leisen Seufzer der Resignation. Mache dir keine Sorgen, denn nichts ist unter Kontrolle.

**Methode der Desillusionierung:
Sei flexibel.**

Die Illusion der Identität

Obwohl wir uns später im nächsten Kapitel noch in die Welt der Identität vertiefen werden, setzen wir uns bereits jetzt mit der Illusion der Identität auseinander. Diese Illusion hat zwei Hauptfaktoren.

Erstens versucht sie, uns einzureden, dass unser Selbst so starr und unveränderlich ist wie eine gefrorene Banane. Du hast sicherlich schon Sätze gehört wie »So bin ich eben«, »Das gehört zu mir« oder »Das mache ich schon immer so«. Diese Sätze basieren auf der Annahme, dass unser Denken, unsere Persönlichkeit, unsere Werte und Überzeugungen im Lauf der Zeit unverändert bleiben. Doch in Wirklichkeit ist unsere Identität dynamisch und verändert sich – wenn wir es zulassen.

Der zweite Faktor betrifft die Art und Weise, wie wir unsere Identität definieren. Unsere Erfahrungen, Beziehungen und vor allem unsere Umgebung beeinflussen sie ständig. Dadurch fließen äußere Faktoren in unsere Identität ein und nehmen oft einen großen Teil ein. Das ständige Vergleichen mit anderen, das Messen unseres Erfolgs und Reichtums an ihnen, zeigt, dass unsere Identität an sehr instabile Faktoren gebunden sein kann. Ein instabiler äußerer Faktor kann der Berufsstatus sein. Wir können uns die Frage stellen, ob wir nach einer Beförderung, die unseren sozialen Status erheblich verbessert, die gleiche Person sind wie vor der Beförderung. Musst du nun beruflich mehr Verantwortung tragen und somit mehr bestimmen, kann es dazu kommen, dass du auch im Alltag bei deiner Familie und deinen Freunden bestimmender klingst. Dein beruflicher Status würde sich hierbei auf deine sozialen Interaktionen auswirken. Aber was passiert, wenn du dann gekündigt werden würdest?

Die Illusion der Identität ist ziemlich einengend. Sie hindert uns daran, neue Erfahrungen zu machen, uns weiterzuentwickeln und kann zu einer falschen Vorstellung unseres Selbst führen.

Methode der Desillusionierung:
Sei dir deiner inneren Werte bewusst und lebe nach ihnen.

Die Illusion der Trennung

Die Illusion der Trennung täuscht uns vor, dass wir als individuelle Wesen voneinander getrennt und isoliert sind, obwohl wir tief in unserem Kern miteinander verbunden sind. Diese Illusion suggeriert, dass wir allein existieren und unsere Handlungen keine Auswirkungen auf andere haben. Klingt wie ein ziemlich einsamer Planet.

In Wirklichkeit sind wir jedoch Teil eines größeren Ganzen, verbunden durch ein unsichtbares Netz von Beziehungen und Wechselwirkungen. Wir teilen eine gemeinsame menschliche Erfahrung und sind auf vielfältige Weise miteinander verwoben, sei es durch emotionale Bindungen, soziale Interaktionen, durch unser ökologisches Umfeld oder der Liebe zu Pizza. Danke, Neapel, für dieses UNESCO-Kulturerbe.

Die Erkenntnis der Einheit allen Lebens kann zu einem tieferen Verständnis und Mitgefühl für andere führen. Indem wir die Illusion der Trennung überwinden und erkennen, dass jeder dazugehört, können wir Harmonie, Zusammenarbeit und gegenseitige Unterstützung fördern. Im zweiten und dritten Kapitel des Buches erkunden wir gemeinsam die Wiederentdeckung der Einheit und wie wir die Illusion der Trennung überwinden können.

**Methode der Desillusionierung:
Sei dir der Gemeinschaft bewusst.**

Die Illusion der Objektivität

In der Illusion der Objektivität glauben wir, dass unsere Meinungen und Entscheidungen objektiv und unvoreingenommen sind, während sie stark von unserer subjektiven Wahrnehmung und unseren persönlichen Erfahrungen beeinflusst werden. Es ist wie die rosarote Brille, die wir tragen, ohne es zu merken.

Wenn wir glauben, dass unsere Sichtweise die einzig wahre und objektive Wahrheit ist, können wir in die Falle tappen, andere Perspektiven zu ignorieren oder sie gleich abzulehnen. Das kann zu Missverständnissen, Konflikten und sogar zu Fehlern in der Entscheidungsfindung führen. Wenn wir uns bewusst werden, dass unsere Wahrnehmung doch nicht so allwissend ist und wir offen für andere Standpunkte sind, können wir uns selbst sogar vor Missverständnissen retten und Konflikte lösen. Was wir letztendlich glauben, formt unser Ich und damit unseren Blick auf die Welt. Indem wir unsere eigene Subjektivität verstehen und respektieren, können wir eine umfassendere und ausgewogenere Sichtweise entwickeln.

Methode der Desillusionierung:
Sei dir deiner Subjektivität bewusst.

Warum wir uns vor der Realität verstecken

Manchmal haut uns die Realität einfach um. Da stehen wir dann, umgeben von unseren Ängsten, unserem Schmerz, unserem Leid und dieser Unsicherheit darüber, was die Zukunft für uns bereithält. Während wir alle darauf hoffen, dass das Glück uns irgendwann in den Arm fällt, müssen wir oft mit fassungsloser Ungerechtigkeit fertig werden.

Da sind Kinder, die nicht wissen, wo ihre nächste Mahlzeit herkommen soll; Kriege, die ganze Nationen zerstören und Menschen, die nichts Besseres zu tun haben, als bewusst Falschmeldungen zu verbreiten, um die Welt in Schrecken zu versetzen. Es gibt Tage, da fühlen wir uns einfach nicht stark genug, um mit den Herausforderungen der Realität fertigzuwerden, und Tage, an denen wir das Bild von uns aufrechterhalten möchten, das andere von uns haben.

In solchen Momenten können verschiedene Schutzmechanismen im Kopf anspringen: Wir verdrängen, projizieren, isolieren uns oder idealisieren die Situation. Das kann dazu führen, dass wir die Realität verzerrt wahrnehmen und uns einfach eine Geschichte erzählen, die wir besser ertragen können oder die eben besser zu unserem Weltbild passt.[3]

Gestalter der Realität: Mandela, Yousafzai und Satyarthi

Bemerkenswerte Persönlichkeiten haben eines gemeinsam: Sie erkennen, akzeptieren und gestalten ihre Lebensrealitäten aktiv. Nelson Mandela, Malala Yousafzai und Kailash Satyarthi – diese drei

Persönlichkeiten erkannten die Herausforderungen und Ungerechtigkeiten ihrer Welt. Anstatt vor ihnen zu fliehen, entschieden sie sich, sie anzunehmen und zu transformieren. Durch die Auseinandersetzung mit ihrer Realität verstanden sie zu handeln, um aktiv an ihrer Gestaltung mitzuwirken.

Nelson Mandela, als Symbol des Widerstands gegen die Apartheid in Südafrika, konfrontierte die Realität der rassistischen Unterdrückung in seinem Land. Doch anstatt sich von Zorn und Verbitterung überwältigen zu lassen, setzte er auf Versöhnung und Einigung. Selbst während seiner 27-jährigen Gefangenschaft blieb Mandela standhaft und nutzte diese Zeit, um zu lernen und zu reflektieren. Sein Glaube an die Kraft des Friedens half ihm, nicht nur seine eigene Realität zu verändern, sondern auch die Realität für Millionen von Südafrikanern. Am 10. Mai 1994 wurde Mandela zum ersten schwarzen Präsidenten Südafrikas gewählt.

Malala Yousafzai sah sich mit der Realität der Geschlechterdiskriminierung und Bildungsungleichheit in Pakistan konfrontiert, insbesondere durch die Unterdrückung der Taliban. Nachdem sie von der Taliban angeschossen wurde, ließ sie sich nicht einschüchtern. Malala erkannte, dass Bildung der Schlüssel zur Veränderung ist, und setzte sich unermüdlich dafür ein, die Realität für Mädchen und Frauen in ihrer Heimat und weltweit zu verbessern. 2014 wurde sie mit dem Friedensnobelpreis ausgezeichnet und ist bisher die jüngste Preisträgerin in der Geschichte.

Kailash Satyarthi, ein indischer Kinderrechtsaktivist, konzentrierte sich auf die Realität der Ausbeutung und Unterdrückung von Kindern in Indien. Aufgewachsen in bescheidenen Verhältnissen, wurde Satyarthi Zeuge der Kinderarbeit und des Menschenhandels, die in seinem Wohnort weit verbreitet waren. Anstatt diese Ungerechtigkeiten zu ignorieren, entschied er sich, aktiv gegen sie zu kämpfen. Er gründete »Bachpan Bachao Andolan«[4] (Save Childhood Movement), eine Organisation, die sich der Rettung von Kindern aus Sklaverei und Ausbeutung widmet und ihnen Zugang zu Bildung verschafft. Durch seine unermüdliche Arbeit und die engagierten Bemühungen seines Teams konnte Satyarthi bisher über 90.000 Kinder aus den Fängen von Kinderarbeit, Sklaverei und Menschenhandel befreien und ihnen eine neue Chance auf ein besseres Leben gegeben. 2014 wurde er gemeinsam mit Malala Yousafzai mit dem Friedensnobelpreis[5] ausgezeichnet, als Anerkennung für seinen herausragenden Einsatz für die Rechte der Kinder. Satyarthis Engagement hat nicht nur das Leben unzähliger Kinder verändert, sondern auch weltweit das Bewusstsein für die Notwendigkeit des Kinderschutzes geschärft.

Mit diesen Beispielen möchte ich nochmals unterstreichen, wie entscheidend die Realität für sinnvolles Handeln ist. Erst durch sie können wir die tatsächlich existierenden Probleme, Schwierigkeiten, aber auch Handlungsmöglichkeiten erkennen. Denn manche Probleme und auch Lösungen sind nur in unserem Kopf und entsprechen nicht in der Realität.

Um unsere Realität mitzugestalten, fügen wir eine weitere Dimension hinzu. Diese zusätzliche Ebene verleiht dem sinnvollen Handeln eine noch tiefere Bedeutung, was dazu geführt hat, dass jede unserer Personen trotz den Strapazen standhaft blieb. Mandela, Yousafzai und Satyarthi waren sich nämlich einer Sache bewusst – ihrer Identität – und bestrebten danach, ihr zu entsprechen.

Kapitel 2

IDENTITÄT

Wenn nichts mehr da ist

Es hat seine Zeit gedauert, bis ich gelernt habe, nicht jeden Gedanken an mich heranzulassen und präsenter im Hier und Jetzt zu sein. Das bedeutet nicht, dass die Gedanken nicht mehr kamen, aber dass ich gelernt habe, mit ihnen umzugehen. Für hartnäckige Gedanken, die mich nicht loslassen möchten, habe ich eine einfache Technik entwickelt, die ich nur empfehlen kann: Ich stelle mir vor, dass der Gedanke in einer Wolke steckt, und visualisiere, wie ich sie mit einer Handbewegung wegwische, sodass sie sich auflöst. Die gesteigerte Präsenz hat es mir ermöglicht, das Leben intensiver wahrzunehmen und ein besseres Verständnis dafür zu entwickeln, was Existenz überhaupt bedeutet: Das Erleben des Moments. Nach meiner Erkenntnis fühlte ich mich geradezu erleuchtet.

*Doch jede Erleuchtung verblasst,
wenn man nicht weiter an ihr arbeitet.*

In meinem Fall habe ich es versäumt zu erkennen, welche weitreichenden Auswirkungen die Erkenntnis der Realität eigentlich für mich haben sollte.

Und so kam es, dass sie mich wieder einholte – die Realität. Ohne vorher zu klopfen, fiel sie mit einem Ereignis ins Haus, das nur Chaos hinterließ. Damals konnte ich noch nicht ahnen, dass meine Begleiter an meinem dreißigsten Geburtstag Krücken und eine temporäre Depression sein würden. Das Leben ist eben voller Überraschungen.

Während meines Lehramtsstudiums in Theologie und Technik arbeitete ich zusätzlich als Honorarkraft an einer Hauptschule in Aachen und leitete den Hip-Hop-Tanzkurs einer Jugendeinrichtung. Es überraschte mich nicht, dass meine Fächerwahl des Studiums auf erstaunte Gesichter stieß – schließlich erscheint die Kombination ungewöhnlich. Doch für mich ergeben sie eine perfekte Synergie zweier Welten. Auf der einen Hand die Technik, als angewandte Physik, mit der Welt der Beobachtungen, und auf der anderen die Welt, die für die Naturwissenschaften nicht greifbar ist, mit moralischen und existenziellen Fragen.

Lass mich dich zunächst in die Schule mitnehmen, wo ein Ereignis den Anfang meiner Geschichte markiert.

Während die Kinder im Klassenzimmer eilig ihre Schnellhefter verstauten, erklang das vertraute Läuten der Pausenklingel. Die Schüler strömten hinaus und bevor ich mich meiner Aufsichtspflicht auf dem Pausenhof widmete, griff ich nach dem Proteinshake in meiner Tasche. Er sollte meinem Körper die nötigen Nährstoffe für die sportliche Aktivität am Abend liefern. Bis dahin war der Tag aber noch straff durchgeplant:

08:00 bis 14:15 Uhr	Schule
14:40 bis 16:10 Uhr	Nachhilfe geben
17:00 bis 18:50 Uhr	Hip-Hop-Tanzkurs leiten
19:00 bis 20:30 Uhr	Fitnessstudio
Ab 21 Uhr	Uni-Sachen …

Oft hörte ich die Sätze »Ich bewundere, was du alles schaffst« oder »Dein Tag hat anscheinend mehr als 24 Stunden«. Was niemand wusste: Ich kämpfte ständig mit meiner Überforderung, die ich nach außen aber nicht zeigen wollte.

Noch auf dem Weg zum Schulhof wurde ich auf dem Flur vom stellvertretenden Schuldirektor abgefangen. Er bat mich, ab morgen einige zusätzliche Stunden zu übernehmen, und erklärte mir, dass eine Lehrerin aufgrund einer Krankheit länger ausfallen würde. Obwohl ich schon damals wusste, dass ich oft Schwierigkeiten hatte, Nein zu sagen, stimmte ich zu, denn ich fühlte mich gebraucht und wollte helfen. Gleichzeitig konnte ich kaum glauben, dass ich wieder zugesagt hatte. Nach solchen Situationen dachte ich mir immer wieder, enttäuscht von mir selbst: »Das nächste Mal sagst du Nein.«

Auf dem Schulhof angekommen herrschte eine angenehme Ruhe, in der ich runterkommen konnte. Vor mir tobten Schüler aus verschiedenen Klassen leidenschaftlich beim Fußballspiel, zeitgleich versuchten einige Fünftklässler, den Basketball in den Korb zu werfen, ohne jegliche Anzeichen von Frustration über ihre mangelnde Wurfhöhe.

Es gab nicht viel zu tun, also entschied ich mich, einen Schluck von meinem Proteinshake zu nehmen, den ich in einer Hand hielt, während ich mit der anderen Hand durch die Neuigkeiten in den sozialen Medien wischte. Besonders fasziniert verfolgte ich das Leben einer Person, nennen wir sie »Fitness Tom«. Er teilte seine täglichen Erlebnisse und Abenteuer, die seinen Alltag zu einer fesselnden Geschichte machten. Während ich morgens auf dem Weg zur Schule im Auto saß, hatte Tom bereits einen Halbmarathon absolviert, sich an Proteinpfannkuchen mit selbst gemachter Himbeerkonfitüre erfreut und von seinem geplanten Urlaub in Portugal geschwärmt. Seine motivierende Einstellung spornte mich an, mehr Sport zu treiben, und ließ mich hoffen, dass auch ich durch harte Arbeit meinen eigenen Erfolg erreichen kann.

»Herr Legun, schießen Sie zurück!« – ertönte es, inmitten meiner Konzentration auf das Handydisplay. Mein Blick schnellte nach vorn und schon kam der Fußball auf mich zu. Ich schoss ihn zurück, woraufhin sie mich einluden, mit ihnen zu spielen. Diese spontane Einladung war eine Gelegenheit, die soziale Bindung mit den Jungs zu stärken, also warum nicht? Auf dem Spielfeld wurde ich einer Mannschaft zugeteilt und erhielt den Ball zugeworfen. Mit eindeutiger Überschätzung wollte ich den Schüler überlisten,

der darauf aus war, mir den Ball abzunehmen, um an ihm vorbei-
zulaufen. Mit sehr eindeutiger Überschätzung, denn der Ball war
schneller weg, als ich gucken konnte. Entschlossen, dem Schüler
hinterherzulaufen, verlor ich das Gleichgewicht.

Während ich mich in Bewegung setzte, spürte ich, wie mein lin-
ker Fuß zur Seite knickte. Mein Körpergewicht lastete auf ihm und
zwang mich, in Richtung des harten Betonbodens zu stürzen. Ein
Schmerz schoss durch meine Nervenbahnen, als ich auf dem Boden
lag, und verzerrte mein Gesicht. Ich versuchte ihn nicht zu zeigen,
doch vergebens.

Kennst du das Gefühl, wenn ein bedeutsames Ereignis sich vor
deinen Augen verlangsamt abspielt? Das erlebe ich gerade, während
ich diese Worte niederschreibe. Es verging nur ein Augenblick,
doch mein Geist spielt die Bilder minutenlang ab. Ich denke darüber nach, dass dieses Ereignis für diejenigen, die damals dabei waren, sicher keine Bedeutung hat. Vielleicht können sich die meisten
von ihnen nicht einmal mehr daran erinnern. Für mich wird diese
scheinbar unbedeutende Geschichte jedoch für immer in meinem
Gedächtnis bleiben. Die Realität dieses Moments blieb für andere
verborgen. Ein kleiner Moment, der kein kleiner mehr ist. Ein kurzer Moment, der kein kurzer mehr ist. Ein einfacher Sturz, ein kleiner Knick – oberflächlich betrachtet wirkt es so belanglos. Wie oft
bin ich schon gestolpert, ohne dass es irgendwelche Konsequenzen
gab? Keine spürbaren Veränderungen meines Lebens, mein Alltag
ging einfach weiter, wie bei jedem anderen auch. Doch diesmal war
es anders. Ich sprach bereits darüber, was noch kommen wird, aber
sieh selbst.

Es gelang mir nicht, mich allein aufzurichten. Doch bevor Frustration mich überwältigen konnte, eilten zwei hilfsbereite Schüler
herbei, um mir beizustehen. Sanft führten sie mich zu einer nahe
gelegenen Bank, wo ich mich setzen konnte. Mit ängstlichen Gedanken über den Zustand meines verletzten Fußes löste ich be-
hutsam meinen Schuh und dann meine Socke. Vor meinen Augen
entfaltete sich eine violett-blaue Schwellung von der Größe eines

Tennisballs. Es war offensichtlich, dass dies keine harmlose Verletzung war.

Um die Schmerzen zu lindern, richtete ich meine Aufmerksamkeit auf tiefe, langsame Atemzüge. »Einmal tief einatmen, kurz halten und ruhig ausatmen«, flüsterte ich mir selbst zu. In meiner Not bat ich einen der Helfer darum, ein Kühlkissen aus dem Sekretariat zu besorgen. Kurz darauf kehrte er mit dem ersehnten Kühlkissen zurück, begleitet vom stellvertretenden Schulleiter.

Er schlug vor, den Krankenwagen zu rufen, doch ich erwog, mit meinem eigenen Auto zum Krankenhaus zu fahren. Hilfe anzunehmen, fiel mir damals nicht leicht. Doch angesichts meiner aktuellen Situation war es schlichtweg unmöglich, selbst zu fahren. Also rief ich eine Freundin an, die mich von der Schule abholen sollte. Als ich zum Haupteingang getragen wurde, gab ich dem stellvertretenden Schulleiter ein lächelndes »Bis morgen!« – schließlich sollte ich ja einige Stunden für die erkrankte Lehrerin übernehmen.

Im Krankenhaus folgte dann die Diagnose des Chirurgen: zwei Bänderrisse und ein angebrochenes Sprunggelenk. »Zwei Wochen Ruhe, Kühlung und Schonung sind jetzt nötig. Kommen Sie in zwei Wochen zur Kontrolle wieder«, erklärte der Arzt. Er überreichte mir Krücken und ein Rezept für die benötigten Thrombosespritzen und Schmerzmittel.

»Zwei Wochen, dann kann ich ja schon wieder auf den Beinen sein«, dachte ich freudig. »Jetzt habe ich zumindest genug Zeit, um meinen dreißigsten Geburtstag gebührend zu planen«, scherzte ich noch, während ich das Krankenhaus verließ.

Aber zwei Wochen vergingen und die Verletzung heilte nicht. Mein Fuß präsentierte sich weiterhin in der vielfältigen Farbpalette von Blautönen: Himmelblau, Babyblau, Ultramarinblau, Türkis, Petrol, Lavendelblau. Und die Schwellung schien hartnäckig zu sein. Schon das bloße Hinsetzen ließ meinen Fuß weiter anschwellen, sodass ich mich gezwungen sah, die meiste Zeit im Bett zu verbringen. Es gab nur mich, mein Bett und meinen Laptop, auf dem ich bereits unzählige Serien durchstöbert hatte.

Gelegentlich kam jemand vorbei, um mir Essen zu bringen, ein wenig aufzuräumen oder mir Gesellschaft zu leisten. Die Tatsache, dass ich nun auf die Hilfe anderer angewiesen war, tauschte die Gefühle der früheren Unabhängigkeit und Kontrolle über mein Leben gegen ein Gefühl der Hilfs- und Machtlosigkeit aus. Immer stärker verspürte ich das Verlangen, allein zu sein und zu schlafen, um der belastenden Situation zu entkommen.

Da ich selbst für mich sorgen wollte, lehnte ich die Hilfe anderer ab. »Brauchst du etwas? Soll ich dir etwas bringen?«, wurde oft gefragt, doch ich antwortete immer mit einem: »Nein, danke, ich bin versorgt.« Ich hatte nämlich den Lieferboten, der meine App-Bestellungen aus dem Supermarkt vorbeibrachte. Er war fast täglich da und obwohl unsere Interaktionen oft nur aus den drei Wörtern »Hallo«, »Danke« und »Tschüss« bestanden, erfuhr ich seinen Namen – Rahut.

Rahut war nicht nur der Lieferant meines Vertrauens geworden, er stellte mir sogar einen Stuhl in die Dusche, damit ich im Sitzen duschen konnte, während mein Fuß anschwoll. Aber mit der Zeit wurde das Duschen immer seltener und ich isolierte mich von der Welt ab. Seit dem Unfall waren nun zwei Monate vergangen. Schließlich musste ich akzeptieren, dass mein Fuß vielleicht nie wieder vollständig genesen würde. Die Illusion der Kontrolle hatte mich eingeholt.

In Selbstmitleid versunken fragte ich mich ständig: »Warum passiert mir das? Warum wird es nicht besser?« Ich aß kaum, schlief nur und fühlte mich nutzlos. Mein Körper, auf den ich früher mit meiner Ernährung und Fitness so sehr achtgegeben hatte, baute schnell an Muskulatur ab, bis ich irgendwann nur noch einer erschlafften Version meiner selbst glich.

Neben den körperlich-psychischen Herausforderungen stieß ich auf ein weiteres bedeutendes Problem. In meinen Jobs wurde ich als Honorarkraft bezahlt und als diese wurde ich lediglich für die Stunden entlohnt, die ich tatsächlich arbeitete. Da ich das nun schon lange nicht mehr tun konnte, war ich im Grunde arbeitslos. Keine geleisteten Stunden bedeuteten kein Einkommen und als Student stand mir das Arbeitslosengeld nicht zu. Meine finanzielle Notlage teilte ich jedoch niemandem mit, um weiterhin den Anschein von Unabhängigkeit und Erfolg zu bewahren. Zum Glück hatte ich einen Topf mit Ersparnissen, der zwar nicht allzu groß war, aber vorerst ausreichen würde, um meine laufenden Rechnungen zu begleichen – solange sich die Verletzung bald bessern würde.

Um für das Rentenalter finanziell gut gerüstet zu sein, begann ich nämlich einige Monate vor dem Unfall auf Anraten von sogenannten Finanzexperten, regelmäßig einen kleinen Teil meines Geldes in Aktien anzulegen. Es war ein befriedigendes Gefühl, Aktien zu besitzen. Vor allem wenn ich auf Veranstaltungen mit anderen Anlegern über Börsenkurse, Investmentfonds und Kapitalrenditen mitreden konnte. Auch wenn ich nicht viele von ihnen besaß. Dennoch brachte mir der Verkauf meiner Aktien eine vorübergehende finanzielle Erleichterung.

Doch alles, was ich spürte, war: Trauer. Einsamkeit. Leere. Der Rest war weg.

Es schien, als sei vom früheren Patrick nichts mehr übrig geblieben. Als ob alles, was mich ausgemacht hatte, einfach verschwunden war. Ich stellte mir also die Frage: »Wer bin ich?«

In den sozialen Medien wischte ich, auf dem Bett liegend, von einem Video zum nächsten, bis mir ein vertrautes Gesicht ins Auge stach. Ein tibetischer Mönch, dessen Weisheiten ich einst gern gehört hatte, predigte:

»Wenn du dich nur auf das Positive im Leben konzentrierst, lebst du nicht länger, aber besser.«

Die Botschaft erinnerte mich an all die anderen Menschen, die nach dem Motto »Good-Vibes-Only« – »Nur gute Stimmung« – leben. Damit konnte ich nichts mehr anfangen und ging zum nächsten Video über, das mir »Fitness Tom« zeigte.

In diesem Augenblick erkannte ich, dass alles, was mich zuvor definierte, beziehungsweise alles, womit ich mich definieren ließ, von außen kam: materieller Besitz, körperliche Fitness, berufliche Leistung, gesellschaftlicher Status, Bildungsniveau. Das waren alles äußere Eigenschaften, die einen Menschen beschreiben können, aber nicht definieren sollten.

Weil ich mich allerdings mit ihnen identifiziert habe und die meisten von ihnen nicht mehr vorhanden waren, fühlte ich mich leer. Meine aufgebaute Identität konnte nicht mehr aufrechterhalten werden.

Um besser zu verstehen, wer ich bin, schrieb ich alle Glaubenssätze auf, die ich über mich selbst zu glauben pflegte. Dabei strich ich alle Sätze durch, die entweder beschreiben, was andere über mich denken, oder was ich nicht für mich, sondern für die Außenwelt tat:

»Ich bin hilfsbereit.«
»Ich bin sportlich.«
»Ich bin familiär.«
»Ich bin erfolgreich.«
»Ich bin empathisch.«
»Ich bin gebildet.«
»Ich bin Patrick.«
…

Die Frage nach der Identität

Hast du dir schon mal die Frage gestellt, wer du *wirklich* bist? Stelle dir vor, du stehst voller Aufregung neben einer Bühne, auf der du gleich eine Rede halten sollst. Der Moderator ist gerade dabei, dich vorzustellen, damit die Zuhörer eine Vorstellung von der Persönlichkeit bekommen, die sie erwarten. Vermutlich wird er deinen Namen nennen, erzählen, welchen Beruf du ausübst, und deine Erfolge auf verschiedenen Gebieten beschreiben. Zudem wird er darauf hinweisen, aus welchen Gründen du der Experte für den Vortrag bist. Was wird der Moderator wohl über dich sagen?

Womöglich beschreibt er gerade einen Teil einer Rolle, die du einnimmst — einer von vielen, die Menschen in verschiedenen Lebensbereichen spielen: sei es auf der Arbeit, zu Hause, unter Freunden, in der Familie und sogar im Internet. Diese Rollen bieten zahlreiche Vorteile, insbesondere beim Aufbau von Beziehungen. Sie fungieren gewissermaßen als soziale Skripte, nach denen wir unser Verhalten ausrichten können. Indem wir bestimmte Rollen einnehmen, können wir leichter Verbindungen zu anderen Menschen knüpfen, selbst wenn wir sie zum ersten Mal treffen, und somit den Aufbau von Beziehungen vereinfachen.

Allerdings stellt sich ein Problem heraus: Mit jeder neuen Rolle legen wir eine weitere Schicht vermeintlicher Identität um uns, wodurch das authentische Selbst aus dem Blick gerät. Besonders wenn sich unsere Rollen miteinander verweben. Wir tragen unsere familiäre Rolle mit zur Arbeit und wiederum die Rolle am Arbeitsplatz mit zu unseren Familien, ohne uns dessen bewusst zu sein.

Über die Frage, wer wir sind, wird nicht nachgedacht. Stattdessen grübeln wir darüber, wer wir sein könnten, wenn unser Leben anders verlaufen wäre. Eine andere Rolle, die wir jetzt vielleicht als Arzt, Anwalt, Künstler oder Weltumsegler hätten.

Das verzerrte Selbstbild, das wir unsere Identität nennen, hindert uns daran, unsere wahren Wesenszüge zu erkennen, und verdeckt somit jene Wege, die uns wahrhaft Freude und Erfüllung schenken können.

Wir geben uns oft so sehr Mühe, es anderen recht zu machen, dass wir auch die scheinbaren Wertvorstellungen unserer Rollen übernehmen. Dadurch treten die eigenen Werte in den Hintergrund, da in den eingenommenen Rollen kaum Platz für sie bleibt.

Eine Person, die in ihrer Familie als fürsorglich und hilfsbereit bekannt ist, könnte diese Rolle so stark verinnerlichen, dass sie

Schwierigkeiten hat, ihre eigenen Bedürfnisse zu erkennen. Obwohl sie anderen gegenüber den Ratschlag gibt, auf sich achtzugeben.

Ähnlich könnte eine Führungskraft, die immer wieder darauf hinweist, wie wichtig es sei, stets zu überlegen und keine Risiken einzugehen, diese Vorsicht auch in ihrem persönlichen Leben übernehmen. Dies könnte dazu führen, dass sie sich in ihren eigenen Entscheidungen zurückhält, dabei erachtet sie eigentlich den Mut für Neues als zielstrebig.

Wie Werte unsere Identität formen

Aber was sind Werte eigentlich? Werte sind die Aspekte, die uns im Leben wichtig sind. Sie sind wie unsere innere Kompassnadel, die uns zeigt, was wir für richtig und falsch halten. Sie sind im Grunde unsere Überzeugungen, die uns durchs Leben führen, uns bei Entscheidungen unterstützen und unsere Interaktionen mit anderen beeinflussen. Sie beantworten die Fragen »Was ist mir wichtig?« und »Was sollte ich tun?«. Um Werte zu definieren, reicht oft ein einzelnes Nomen wie Ehrlichkeit, Loyalität, Toleranz oder Familie.

Die Werte, die wir besonders stark betonen und die unser Leben lenken sollen, werden als Leitwerte bezeichnet. Es mag nach einem abstrakten Prinzip klingen, aber sie bringen erheblichen Nutzen mit sich. Wenn du deine Leitwerte kennst, weißt du, welche Menschen, Aktivitäten und Lebensweisen am besten zu dir passen.

Wenn beispielsweise Abenteuerlust und Freiheit zu deinen Leitwerten gehören, wirst du dich wahrscheinlich mit Menschen umgeben wollen, die ähnliche Interessen haben, wie Reisen oder Outdoor-Aktivitäten. Wenn Freundlichkeit und Empathie zu deinen Leitwerten gehören, wirst du dich vielleicht von Menschen angezogen fühlen, die eine unterstützende und mitfühlende Atmosphäre schaffen.

Abseits der brüchigen Identität, die wir uns aufgebaut haben, können wir mithilfe von Leitwerten einen Kompass für unser Leben entwickeln, der uns den Weg weist und Orientierung bietet. Er erleichtert uns, Entscheidungen zu treffen, und hilft in der chaotischen Welt, uns auf das Wesentliche zu fokussieren. Ohne ihn erproben wir ziellos verschiedene Wege, in der Hoffnung, dass wir auf einem von ihnen die Freude des Lebens finden.

Die Leitwerte formen ein individuelles Idealbild von uns, dem wir in unserem Leben folgen möchten. Unsere gegenwärtige Identität findet sich nun an der Schnittstelle zwischen diesen Werten, also dem Idealbild und unseren Handlungen. Je mehr unsere Handlungen mit unseren Leitwerten übereinstimmen, desto mehr wächst die Schnittstelle zwischen ihnen und wir entwickeln uns zunehmend zu einer Person, hinter der wir zu hundert Prozent stehen können. Daher müssen wir eine Version von uns entdecken, mit der wir uns ohne Widersprüche und Konflikte identifizieren wollen und zu der wir werden möchten.

Diese Version ist das Ziel unserer Identitätsreise. Viel wichtiger als die Frage »Wer bin ich?« ist daher die Frage »Wer möchte ich sein?«.

Um unser Ziel zu erreichen, müssen wir zunächst den aktuellen Zustand betrachten, also den sogenannten Status quo, bevor wir Veränderungen herbeiführen können. Dafür nehme ich dich mit in das Tal der »Scheinidentität«.

Die Scheinidentität

Meine Identität wurde von äußeren Faktoren beeinflusst und sogar manipuliert. Diese Faktoren umfassen die Meinungen anderer, gesellschaftliche Erwartungen, Medieninhalte und persönliche Erfahrungen. Doch die äußeren Faktoren entsprechen nur einer adaptierten und gespiegelten Identität, denn eine Identität wird niemals gegeben, sie wird entdeckt.

Eine **adaptierte Identität** umfasst das, was wir durch unsere Rollen gewissermaßen mitübernehmen. Dabei übernehmen wir Verhaltensmuster, die nicht unbedingt von anderen gefordert werden, sondern die wir glauben, dass sie von uns erwartet werden. Häufig geraten wir dadurch in Stereotypen und Rollenbilder, die uns von der Außenwelt – so denken wir – auferlegt werden.[6]

Ein Beispiel für meine adaptierte Identität war mein Helfersyndrom. Mir fiel es schwer, Nein zu sagen, weil ich dachte, dass ich ständig gebraucht werde und man von mir Hilfe erwartet. Als verantwortungsvoller Mitarbeiter, Freund oder Familienmitglied fühlte ich mich verpflichtet, überall zu helfen und für alle da zu sein. Mit jedem Mal, an dem ich half, wurde ich um weitere Hilfe gebeten, was dazu führte, dass ich meine Anerkennung und mein Selbstbewusstsein aus dieser Rolle schöpfte. Doch als ich plötzlich nicht mehr helfen konnte und sogar selbst Unterstützung benötigte, konnte ich dieses Selbstbild nicht mehr aufrechterhalten. Mein Selbstwertgefühl war stark von äußeren Einflüssen abhängig, die sich ständig ändern konnten, wie Akzeptanz oder Ablehnung, das Gefühl gebraucht zu werden oder nicht.

Zur **gespiegelten Identität** gehören die Ziele, die wir indirekt durch unsere Umgebung übernehmen. Die Dinge, die wir als erstrebenswert erachten und die unser Verhalten steuern. In gewisser Weise spiegeln wir wider, was uns die Außenwelt vorgibt: sei es durch Werbeplakate, Menschen, denen wir in den sozialen Medien folgen, oder all die anderen Einflüsse des Alltags.

Meine gespiegelte Identität machte sich durch meinen Wunsch erkennbar, sportlich zu sein, da mir Menschen in den Medien vormachten, dass dies zu einem erfolgreichen Leben gehöre. Ich verfolgte dieses Ziel nicht für mich selbst, sondern spiegelte lediglich wider, was andere als Erfolg definierten. Und Erfolg ist bereits selbst in sich ein äußerer Faktor, der durch den Vergleich mit anderen bestimmt wird.

Ich bin weder meine adaptierte noch meine gespiegelte Identität, noch war ich ausschließlich Patrick, ein Student und Hip-

Hop-Tanzlehrer. Mein Name dient lediglich dazu, mir und anderen Menschen zu sagen, wann ich gemeint bin: Ist ein Brief für mich oder für den Nachbarn? Werde ich gerufen oder jemand anderes? Und die anderen Merkmale mögen zwar Teil meines Lebens sein, aber sie definieren nicht meine Identität.

Wenn du möchtest, kannst du dir an dieser Stelle Gedanken darüber machen, welche Aspekte du aus einer deiner Rollen übernommen hast (adaptierte Identität) und welche deiner Ziele womöglich durch deine Umwelt beeinflusst werden (gespiegelte Identität).

Die enthüllende Stille

Meine Erkenntnis wurde erst möglich, weil sich die äußeren Umstände so gestalteten, dass ich aufgrund des Unfalls und der nicht heilenden Verletzung dazu gezwungen war, Ruhe zu finden und mich mit meiner Identität auseinanderzusetzen. Bei der Ablenkung durch meine Lieblingsserie oder bei meinem hektischen Zeitplan im Alltag vor meiner Verletzung blieb kaum Raum für Selbstreflexion. Um sich seiner selbst bewusst zu werden, ist gerade die Stille von entscheidender Bedeutung. Im Alltag meiden wir sie häufig in verschiedenen Situationen:

– In Wartezimmern greifen wir schnell zu unseren Smartphones, um die Stille um uns herum zu überbrücken.
– Im Auto wird oft Musik oder das Radio eingeschaltet, selbst wenn man allein unterwegs ist.
– Und viele Menschen schlafen mit eingeschaltetem Radio oder Fernseher, um sie zu vermeiden.

Ohne die vertrauten Masken der adaptierten und gespiegelten Identität bleiben wir bloß wir selbst, vielleicht sogar ein Fremder, den wir unser ganzes Leben lang mit uns tragen, dem wir jedoch nie ins Gesicht blicken werden. In der Stille, wenn die Masken fallen und der Lärm des Alltags verstummt, erkennen wir unsere rohen Konturen. Diese Begegnung mit uns selbst kann sowohl beängstigend als auch befreiend sein. Ohne die Ablenkungen und Erwartungen der Welt um uns herum können wir uns in einem völlig neuen Licht sehen – ehrlich, authentisch und unverfälscht. Es ist die Gelegenheit, uns mit unseren eigenen Gedanken, Emotionen und Träumen zu konfrontieren, ohne den Filter der gesellschaftlichen Erwartungen oder der selbst auferlegten Rollen.

Nur durch die Ruhe können wir den Autopiloten ausschalten und erkunden, wer wir wirklich sind.

Was die Zeit über deine Werte aussagt

Lass uns das Leben in die verschiedenen Abschnitte zerlegen, die wir mit unterschiedlichen Tätigkeiten verbringen. Wir haben durchschnittlich 80 Jahre auf der Erde. Davon verbringen wir rund 26 Jahre schlafend, wobei wir weitere 7 Jahre damit verbringen, einzuschlafen. Mit unserer Arbeit sind wir 13 Jahre und zwei Monate beschäftigt, wobei ein weiteres Jahr für Überstunden draufgeht. Das ist mehr als dreizehnmal so viel Zeit wie die, die wir für soziale Interaktionen aufwenden, die sich auf ein Jahr und drei Tage beläuft. Insgesamt verbringen wir 11 Jahre und 4 Monate vor Bildschirmen, davon 8 Jahre und 4 Monate vor dem Fernseher und 3 Jahre in den sozialen Medien. Romantischen Aktivitäten, wie dem Blumenkauf oder den Abenden auf einem Date, widmen wir lediglich ein Jahr und 4 Monate, wobei die meiste Zeit für Intimität reserviert ist. Für persönliche Angelegenheiten, wie das Wäschewaschen, das Besuchen von Veranstaltungen und Zeit mit der Familie, bleiben uns noch insgesamt 8 Jahre und 2 Monate.[7]

Unser Leben besteht aus unzähligen Momenten, die wir mit Aktivitäten füllen. Kleine Momente im Alltag, die nur Minuten oder Stunden dauern, addieren sich im Lauf des Lebens zu Jahren. Einige davon, wie Schlaf oder Arbeit, entziehen sich unserem direkten Einfluss. Andere können wir hingegen bewusst gestalten, wie die Zeit für soziale Interaktionen oder die Entspannung vor dem Fernseher. Diese Zeit, die wir bewusst wählen, sagt viel über unsere Werte aus. Unsere Handlungen verraten nämlich, worauf wir wirklich Wert legen.[8]

Wenn wir mehr Zeit mit der Familie verbringen als mit Freunden, drückt das aus, dass wir die Familie über die Freundschaft stellen. Die Verteilung unserer Zeit zeigt uns somit klar, welche Prioritäten wir setzen. Selbst die Entscheidung, Überstunden für die Arbeit zu machen, gibt uns Einblick in die Werte, die uns wichtig sind – sei es Erfolg, Anerkennung oder etwas ganz anderes. Denn in diesen zusätzlichen Stunden hätten wir auch Zeit für uns selbst haben können, was zeigen würde, dass uns Selbstfürsorge wichtiger ist.

Stellen wir nun fest, dass unsere Zeitverteilung nicht mit unseren gewünschten Werten übereinstimmt, müssen wir uns die Frage stellen, ob unsere Werte und Prioritäten noch mit unseren Handlungen im Einklang stehen.

Was die Erwartung an die Gesellschaft über deine Werte aussagt

Früher fand ich oft Grund zur Kritik an der Gesellschaft, die ich als heruntergekommen empfand, und dennoch strebte ich ihre Ziele an. Ich erwischte mich dabei, wie ich mich häufig über Menschen beklagte, denen ich im Alltag begegnete: sei es der Busfahrer, der mir die Tür vor der Nase schloss; die Autofahrerin, die mir die Vorfahrt nahm; oder die Familie, die ihren Einkaufswagen mitten im Weg im Supermarkt stehen ließ. Wenn niemand Rücksicht auf mich nahm, warum sollte ich das dann tun? Es schien mir, als müsste auch ich auf mich selbst achten.

In der Studie »Zukunft von Wertvorstellungen der Menschen in unserem Land« wurden die Befragten gebeten, ihre Wünsche für die zukünftige Entwicklung der Gesellschaft in Deutschland zu äußern. Dabei gaben 69 Prozent an, dass sie sich weniger Egoismus wünschen, und 68 Prozent wünschten sich eine Zunahme der Hilfsbereitschaft. Als sie gefragt wurden, welche Ziele und Werte entscheidend für eine positive Entwicklung der Gesellschaft seien, nannten 90 Prozent Respekt gegenüber anderen Menschen, gefolgt von Hilfsbereitschaft mit 81 Prozent. Diese Ergebnisse regten mich zum Nachdenken an: Wenn niemand danach handelt, es aber von der Gesellschaft erwartet wird, wird sie sich nie in diese Richtung entwickeln. Unsere Erwartungen gegenüber der Gesellschaft offenbaren also weitere Werte, die uns wichtig sind.[9]

Wir müssen uns von der Vorstellung lösen, dass die Gesellschaft etwas außerhalb von uns ist. Sie ist nicht nur die fremde Person, die du auf der Straße triffst. Du bist auch für die andere Person eine fremde Person und daher »die Gesellschaft«. Die Gesellschaft kann eine einzelne Person sein, zwei, drei oder eine ganze Gruppe, bestehend aus der Gesellschaft. Wir beklagen uns über »die anderen«, und auch sie beklagen sich über uns. Es ist ein nicht endender Zyklus von »Wie du mir, so ich dir«. Was du also von der Gesellschaft verlangst, solltest du vor allem auch von dir selbst verlangen.

> Zeige den anderen Menschen, wie man sich als Mitglied der Gesellschaft verhalten kann, und dass es einen Weg zu einer erstrebenswerteren Gesellschaft gibt.

Wir müssen den Kreislauf von »Wie du mir, so ich dir« durchbrechen und mit den Werten ergänzen, die wir selbst von anderen verlangen, zum Beispiel mit Menschlichkeit.

Was das Menschsein über deine Werte aussagt

Wir haben die Freiheit, unsere Leitwerte entsprechend unseren eigenen Bestrebungen zu wählen. Es gibt da nur eine Ausnahme. Ein Leitwert wird uns von Geburt an zugeteilt. Was manche unter dem Namen »Lebensbestimmung« suchen, liegt bereits in ihm verborgen. Denn ob wir es wollen oder nicht, wir alle unterliegen dieser Bestimmung. Wir können versuchen, uns von ihr abzuwenden, doch dabei verlieren wir das, was uns ausmacht.

Seit den Anfängen unserer Existenz auf der Erde ist offensichtlich, dass wir Menschen sind. Wir wurden weder auf einem anderen Planeten geboren, noch sind wir als Pflanzen oder Tiere auf die Welt gekommen. Du, ich und jede andere Person sind Menschen. Das Menschsein, was auch immer das erst einmal bedeuten mag, ist die einzige Definition unseres Seins, die uns von außen auferlegt wird – unsere Bestimmung. Es ist der Blumensamen, aus dem wir gedeihen. Welche Blume daraus erblüht, entscheidet jeder für sich. Doch ohne Samen gibt es keine Blume.

Viele fragen sich, was ihre Bestimmung im Leben sei, und nicht wenige leiden unter einer Bestimmungsangst. Dieses Konzept ist relativ neu. Es beschreibt Ängste, die entstehen, wenn wir das Gefühl haben, keinen klaren Sinn im Leben zu haben und uns dessen schmerzlich bewusst sind. Larissa Rainey, eine Forscherin auf diesem Gebiet, erwähnt in ihrem Werk »Die Suche nach dem Sinn des Lebens«, dass 91 Prozent der befragten Teilnehmer angeben, irgendwann in ihrem Leben Bestimmungsangst erlebt zu haben.[10]

Doch wir müssen lediglich in den Spiegel schauen, um sie zu erkennen. Einige erkennen sie aber nicht einmal dort, denn sie sehen nicht den Menschen. Sie sehen eine zu große Nase, Falten und graue Haare, ein neues Oberteil, das gut aussieht. Der Mensch dahinter wird übersehen. Dadurch geht auch die einzige wahre Bestimmung, die im Menschsein liegt, verloren.

Was ist denn überhaupt eine Bestimmung? Eine Bestimmung bezieht sich auf ein zentrales Ziel oder den Zweck des Lebens. Es ist die Idee, dass jeder Mensch eine Aufgabe in seinem Leben hat, die er entdecken, entwickeln und erfüllen muss, um ein sinnerfülltes Leben zu führen. Sie soll sich in unseren Talenten und Fähigkeiten widerspiegeln und unser volles Potenzial entfalten. Doch welches größere Talent, welche Fähigkeit und welches Potenzial haben wir, wenn nicht das Menschsein?

Wir müssen nicht nach einer Bestimmung suchen. Wenn wir unser Menschsein wiederentdecken, wird uns klar, dass ein Leitwert an erster Stelle stehen muss, um ein sinnerfülltes Leben zu führen: die Menschlichkeit.

Menschsein ist mehr als Identität, und deshalb hebt sich dieser Leitwert von allen anderen als bereits gegeben ab. Daher heißt es auch Bestimmung – es ist bereits bestimmt.

Kapitel 3

MORGEN- UND ABENDWERTE

Verwende das mitgelieferte Werkzeug für den Aufbau deiner Identität: dich

---

Mit der Frage nach meiner Identität blieb meine persönliche Geschichte stehen, doch hier schreibt sie sich fort. Inmitten meiner Verwirrung darüber, wer ich wirklich bin, suchte ich nach einem Weg, das Zentrum meiner Identität zu ergründen. Ich vertiefte mich in Fachzeitschriften über den Wert der Zeit, lauschte Vorträgen über die menschliche Persönlichkeit, widmete unzählige Stunden der Analyse verschiedener Ansätze zur Selbstfindung und unternahm viele Selbstexperimente.

Der Prozess führte mich durch spezifische Schritte, die letztendlich dazu beitrugen, das Identitätsmodell zu entwickeln. Um Klarheit zu erlangen, was es bedeutet, werde ich die Schritte meiner Erkenntnis erneut nacheinander durchlaufen, diesmal jedoch nicht allein, sondern gemeinsam mit dir. Zusammen werden wir uns auf den Weg machen und die Stationen durchleben, durch die mich das Leben führte. Es mag ein langer Weg sein, der nicht in wenigen Minuten abgeschlossen sein wird. Zieh dir also bequeme Schuhe an und nimm dir die Zeit, die du brauchst, um dich selbst kennenzulernen.

Schauen wir uns das Modell zunächst einmal im Ganzen an. Das Identitätsmodell mit dem Prinzip der Morgen- und Abendwerte habe ich anhand eines Diagramms veranschaulicht. Es zeigt die Komponenten, die eine Identität ausmachen, und ist das Ergebnis, das ich auf meiner Suche entwickelt und viele Male aktualisiert habe, bis es die Form angenommen hat, die du nun siehst.

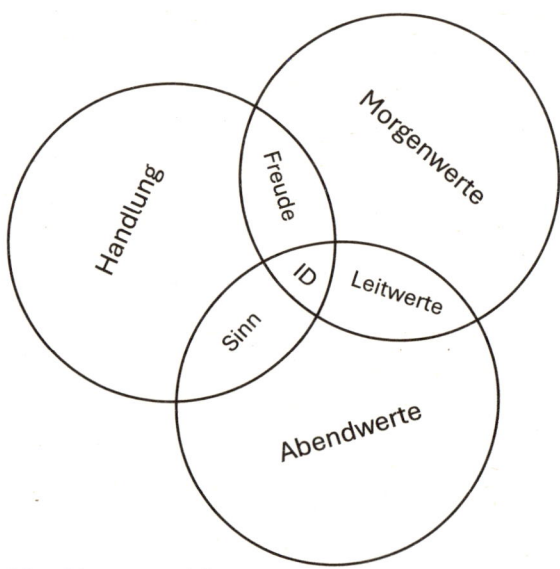

Mein Identitätsmodell

Die Morgenwerte

Die Morgenwerte sind grundsätzlich die klassischen Leitwerte, wie wir sie uns vorstellen: Loyalität, Spontanität, familiärer Zusammenhalt, Selbstfürsorge, Leidenschaft, Zielorientierung und viele mehr. Ihre Auswahl und Priorität variiert von Mensch zu Mensch und macht unsere Identität einzigartig. Erst in der Verbindung mit konkreten Handlungen offenbart sich ihre besondere Bedeutung.

Um diese Werte zu leben, benötigen wir Orte, an denen sie sich entfalten können. Andernfalls sind sie für uns nicht greifbar. Streben wir beispielsweise nach familiärem Zusammenhalt, können wir diesen Wert innerhalb der Familie verwirklichen. Wenn Zielorientierung für uns wichtig ist, kann die Arbeit oder ein eigenes Projekt der passende Ort sein.

Das wirklich Besondere an den Morgenwerten ist, dass wir sie nur an Orten verfolgen sollten, die uns Freude bereiten. Der Grund dafür ist einfach: Wenn du zum Beispiel Onkel Paul nicht magst, wirst du ständig auf die Uhr schauen und seine Wohnung frühzeitig verlassen wollen. Obwohl er zur Familie gehört und dir familiärer Zusammenhalt wichtig ist, wirst du zwei Hindernisse erleben. Erstens wirst du Schwierigkeiten haben, den dir wichtigen Leitwert auszuleben, und zweitens wirst du in seiner Nähe nicht du selbst sein. Wenn du dich zwanghaft über diese Blockade hinwegsetzt, könnte der Wert des familiären Zusammenhalts für dich negativ besetzt werden.

Ganz anders sieht es aus, wenn du Zeit mit deiner Lieblingscousine Laura verbringst. Ihr lacht zusammen und habt Spaß, wodurch es dir leichtfällt, diesen Wert auszuleben. Du verbindest familiären Zusammenhalt mit positiven Gefühlen, und je mehr schöne Momente du damit verbindest, desto tiefer verwurzelt er sich in dir. So kann er sich auch auf andere Lebensbereiche, wie Freundschaften, übertragen und fester Bestandteil deiner Identität werden.

> *Wir müssen ehrlich zu uns selbst sein. Das bedeutet, dass wir Orte oder Menschen, die uns nicht guttun, meiden dürfen, unabhängig davon, wie wichtig uns bestimmte Werte sind.*

Morgenwerte bestehen somit aus den klassischen Leitwerten und einem Ort, an dem wir diese Werte entfalten können und der uns Freude bereitet. Ein solcher Ort kann nicht nur ein geografischer Punkt sein, wie wir sehen, sondern auch eine Person oder eine Gruppe von Personen.

Ein Merkmal dieser Werte ist, dass sie Zeit erfordern. Wir müssen sie aktiv in unsere Zeitplanung einbeziehen. Aber weil sie uns

Freude bereiten, schenken sie uns auch Energie und laden unsere innere Batterie auf.

Diese Werte bezeichne ich deshalb als »Morgenwerte«, weil sie der Grund sind, warum wir morgens aufstehen. Sie sind die treibende Kraft unseres Alltags, die Motivation des Tages, die uns voller Vorfreude aus dem Bett steigen lässt. Indem wir unseren Tag mit für uns wichtigen und freudebringenden Inhalten füllen, gewinnen wir Selbstbestimmung über unser Leben. Jeden Tag ein wenig von den Morgenwerten zu leben bedeutet, dass wir jeden Tag etwas tun, das uns ein Lächeln ins Gesicht zaubert. Dabei ist es einfach, sie in den Alltag zu integrieren.

Möchtest du deine Lieblingscousine Laura sehen? Dann plane fest ein, mit ihr einen Kaffee trinken zu gehen. Legst du Wert auf Spiritualität? Reserviere dir eine feste Zeit im Kalender dafür. Liebst du das Reisen und das Entdecken neuer Orte und möchtest gleichzeitig Zeit mit Freunden verbringen? Verabrede dich abends mit Freunden und erkundet gemeinsam ein neues Restaurant.

Schon kurze Momente reichen aus, um den Morgenwerten nachzugehen. Ob du deine wahren Morgenwerte bereits verfolgst und wie ich meine entdeckt habe, schauen wir uns ein paar Seiten weiter im Abschnitt »Morgenwertanalyse« an.

Die Abendwerte

Die Abendwerte werden von den Säulen der Menschlichkeit getragen, die wir im zweiten Teil dieses Buches kennenlernen werden, und bilden unsere Identität des Menschseins. Sie helfen uns, unsere menschliche Bestimmung zu verfolgen, und haben ihren Namen bekommen, weil sie uns abends zufrieden einschlafen lassen. Wie funktioniert das?

Am Abend, wenn sich der Körper entspannt und die Seele den Tag bewusst oder unterbewusst reflektiert, treten die Spuren der Tagesereignisse hervor. Die Situationen, in denen wir uns befanden, werden hauptsächlich als Gefühle gespeichert, die abends wieder aufkommen. Diese Gefühle werden davon beeinflusst, wie wir auf die Ereignisse reagieren und sie verarbeitet haben. Reagieren wir aus einer Haltung der Menschlichkeit heraus, sind wir mit unserer Reaktion zufrieden – das bringt die Quintessenz einer Bestimmung mit sich. Das daraus resultierende Gefühl ist Erfüllung und somit Zufriedenheit. Weichen wir jedoch von diesen Werten ab, erleben wir Gewissensbisse oder ähnliches Unbehagen, das uns vom Schlaf abhalten kann. Die Ausnahme besteht bei Menschen, die sich so weit vom Menschsein entfernt haben, dass das Unbehagen bereits verstummt.

Im Gegensatz zu den Morgenwerten, die uns Freude bereiten und für die wir gezielt Zeit einplanen sollten, entfalten sich die Abendwerte im Lauf des alltäglichen Lebens nebenbei. Obwohl wir uns bewusst Zeit nehmen können, um an den Abendwerten zu arbeiten, benötigen sie im Wesentlichen keine explizite Zeit. Sie helfen uns, menschlich auf die Welt zu reagieren, und sind stets verfügbar.

Selbst im Umgang mit dem unbeliebten Onkel Paul, bei dem wir uns nicht wohlfühlen, können wir aus den Abendwerten der Menschlichkeit schöpfen und den Tag trotz fehlender Morgenwerte sinnerfüllt abschließen.

Die Verbindung von Morgen- und Abendwerten

Die Morgenwerte repräsentieren die Richtung, in die wir uns entwickeln und unsere Identität formen möchten, während die Abendwerte in die Richtung unserer Bestimmung abzielen. Zusammen bilden sie durch ihre Wechselwirkung unsere Identität.

Jeder von ihnen profitiert von den Vorteilen des anderen: Die Morgenwerte bringen uns kurzfristige Freude im Alltag, die uns täglich motiviert und Energie verleiht, während die Abendwerte einen langfristigen Sinn im Leben bieten, der zu anhaltender Zufriedenheit führt. Ohne den anderen fehlt es an Nachhaltigkeit in unserer Identität, was sie instabil macht.

ÜBUNG: Morgenwertanalyse

Um denselben Prozess zu durchlaufen, den ich vor einiger Zeit erlebt habe, beginnen wir damit, zu erkunden, was uns persönlich wichtig ist, was unser Leben leiten soll und wer wir wirklich werden möchten. Wir betrachten unsere klassischen Leitwerte, die ich damals noch nicht als »Morgenwerte« bezeichnet habe. Dafür fehlte mir gänzlich die Erkenntnis, dass die Menschlichkeit eine zentrale Bedeutung in unserer Identität einnimmt. Diese Einsicht führte erst später zu der Unterscheidung von Morgen- und Abendwerten.

Die Morgenwerte, die wir nach und nach entdecken werden, erfordern eine tiefgehende Auseinandersetzung mit unserem Idealbild: Wer möchte ich sein?

Im Anhang findest du Platz für deine Notizen. Du kannst aber auch ein eigenes Notizbuch oder Tagebuch verwenden. Wichtig ist, dass du etwas hast, in dem du deine Gedanken, Gefühle und Erfahrungen festhalten kannst. Vergiss nicht, deinen Namen auf die erste Seite deiner Notizen zu schreiben, damit du stets daran erinnert wirst: Das ist ausschließlich für dich bestimmt, denn es ist deine persönliche Reise. Was auch immer du niederschreibst, behalte es bitte für dich, bis du dieses Buch abgeschlossen hast. So bleiben deine Aufzeichnungen frei von äußeren Einflüssen und du kannst dich ganz auf deine Entwicklung konzentrieren. Es geht schließlich um dich und niemanden sonst. Bist du bereit? Dann lass uns beginnen!

Schritt 1: Der geschützte Raum

Wir haben bereits darüber gesprochen, wie wichtig Ruhe ist, um uns selbst besser wahrnehmen zu können. Sie ermöglicht es uns, unsere Gefühle zu spüren und unsere Gedanken zu klären. Bevor wir uns also einer Analyse widmen, sollten wir einen Ort finden, an den wir uns immer zurückziehen können – unseren geschützten Raum.

Für mich war es zunächst mein Bett, in dem ich stundenlang verweilte. Heutzutage ist es jedoch ein kleiner Hügel, umgeben von sanften Wiesen und dem Rauschen des Windes in den Bäumen. Hier verbrachte ich schon als Jugendlicher unzählige Stunden, um meinen Kopf von pubertären Problemen freizubekommen. Jahrelang hatte ich ihn vergessen, bis ich selbst auf der Suche nach meinem ruhigen Ort war. Den Hügel hinaufsteigend, spüre ich bereits, wie die Last des Alltags von meinen Schultern abfällt. Oben angekommen lasse ich mich auf der Bank nieder und genieße den Panoramablick auf die Landschaft mit den entfernten Häuschen. In dieser ungestörten Umgebung, abgeschnitten vom Lärm der Welt, schalte ich mein Handy aus. Ich ordne meine Gedanken und nehme meine Gefühle wahr. Es fällt mir leicht, an diesem Ort über Situationen nachzudenken, die mich beschäftigen, und die tieferen Empfindungen zu ergründen, die in mir schlummern.

Denke darüber nach, wo dein geschützter Raum sein könnte. Vielleicht gibt es nicht nur einen, sondern mehrere Orte. Es kann ein Ort in der Natur sein, ein gemütliches Zimmer in deinem Zuhause oder ein Café mit freilaufenden Katzen, in dem du dich geborgen fühlst. Wichtig ist, dass dieser Ort frei von Ablenkungen und Verpflichtungen ist und dir ein Gefühl von Ruhe und Frieden vermittelt. Falls du dir nicht sicher sein solltest, wo dein geschützter Raum ist, fahre einfach an mehrere Orte, die infrage kommen könnten und lausche in dich. Es wird dir schnell klar werden, ob es sich um deinen Ort handelt oder nicht. Lasse deine Liebsten dabei stets wissen, dass du gerade Zeit für dich selbst benötigst und du dich später bei ihnen von selbst melden wirst.

Schritt 2: Die 3-tägige Zeiterfassung

Die Zeiterfassung ist ein kraftvolles Werkzeug, um uns Einblicke zu gewähren, wie wir unsere Zeit nutzen. Auf diese Weise gelangen wir zu den Werten, die uns aktuell leiten. Es ist wichtig, dabei ehrlich zu sich selbst zu sein und ganz natürlich zu handeln. Überleg nicht lange, wofür du es aufschreibst. Andernfalls besteht die Gefahr, dass du dein Verhalten bereits jetzt so steuerst, um in der Analyse besser dazustehen. Denk daran, dass deine Aufzeichnungen privat sind und niemand sie zu Gesicht bekommt. Du musst dich vor niemandem rechtfertigen.

Wähle zwei Wochentage sowie einen arbeitsfreien Tag, an dem die Geschäfte geöffnet sind. Der Sonntag fällt somit automatisch weg, da er nicht den Alltag abbildet. An diesen drei Tagen notierst du nun deine Tätigkeiten und die Zeitdauer, die du für sie aufgewandt hast. Dabei lassen wir den Schlaf in der Nacht und die reguläre Arbeitszeit außer Acht, aber Mittagsschlaf und Überstunden zählen dazu. Wir brauchen keine minutengenaue Erfassung, schätze einfach grob, wo deine Zeit geblieben ist. Am Ende des Tages soll deine Aufzeichnung dir einen Überblick darüber geben, wofür du mehr Zeit aufwendest als für andere Aktivitäten.

Nachdem meine Verletzung verheilt war, habe ich in meinen Notizen eine schlichte Tabelle mit zwei Spalten erstellt: Aktivitäten und Dauer der Aktivität. In der unteren Tabelle sind die ersten Einträge einer meiner Aufzeichnungen, die ich als Beispiel gern mit dir teilen möchte. Ich habe mir dabei alle drei Stunden einen Wecker gestellt, um meine Aufzeichnungen zu aktualisieren. So behielt ich den Überblick und bekam am Ende der drei Tage ein klares Bild meiner Zeitverteilung.

Aktivitäten	Dauer
Soziale Medien	30 Minuten
Körperpflege	25 Minuten
Bügeln	5 Minuten
Frühstücken	20 Minuten
...	...

Schritt 3: Die Prioritätenliste

Sobald mindestens drei Tage vergangen sind und du deine Zeiterfassung niedergeschrieben hast, tritt ein besonders spannender Abschnitt unserer Reise ein, auf dem du deine Prioritäten entdeckst.

Zuerst ist es wichtig, über ähnliche Tätigkeiten nachzudenken und zu überlegen, in welche Kategorien sie passen könnten. Zum Beispiel könntest du ein Telefonat mit einer Freundin und ein Treffen mit einem Freund als gleichwertig betrachten, da du in beiden Fällen Zeit mit Freunden verbringst. Diese Aktivitäten würden dann unter die Kategorie »Freunde« fallen. Ebenso könnte deine Fahrtzeit zum Fitnesskurs unter der Kategorie »Fitness« verbucht werden. Hier sind weitere mögliche Kategorien:

- Haushalt
- Bildung
- Entspannung
- Kochen
- Bildschirmzeit
- Familie
- Selbstfürsorge
- Hobbys
- Natur
- Planung
- Einkaufen
- Ehrenamt
- Überstunden

Um die Zusammenhänge besser zu erkennen, habe ich verschiedene Farben für meine Kategorien verwendet und die entsprechenden Aktivitäten bei der Suche gleichfarbig eingekreist. Auf diese Weise konnte ich die Kategorien einfacher identifizieren. Sobald wir das geschafft haben, können wir die Zeiten jeder Kategorie über die drei Tage hinweg zusammenzählen.

Und jetzt kommt der Moment der Wahrheit: Du erstellst deine Prioritätenliste. Denn nachdem du deine Aufzeichnungen gründlich analysiert hast, wirst du feststellen, welche Aktivitäten den größten Anteil deiner Zeit beanspruchen. Diese Erkenntnisse dienen als Grundlage für die Erstellung der Liste. Beginne damit, die Aktivität, für die du die meiste Zeit aufgewendet hast, an erster Stelle zu notieren, gefolgt von der Gesamtzeit daneben. Anschließend folgst du mit der zweitwichtigsten Aktivität und setzt diese Liste fort, bis du die ersten fünf Prioritäten aufgelistet hast. Sollten zwei Kategorien sich zeitlich den gleichen Platz teilen, lohnt es sich zu überlegen, ob du generell mehr Zeit für eine Kategorie aufwendest als für die andere.

Schritt 4: Welche Werte stehen dahinter?

Da jede Handlung auf bestimmten Werten basiert, können wir unsere Prioritätenliste betrachten und erkennen, welche Werte uns maßgeblich leiten. Es ist eine anspruchsvolle Aufgabe, sich bewusst zu machen, welche Werte hinter unseren Handlungen stehen, da dieselbe Kategorie für unterschiedliche Menschen verschiedene Bedeutungen haben kann. Während für eine Person die Kategorie »Überstunden« Erfolg symbolisiert, könnte sie für eine andere mit dem Wert der Anerkennung verbunden sein. Eine dritte Person, die Überstunden leistet, um einem Kollegen zu helfen, könnte dies als Ausdruck von Teamwork betrachten. Daher ist es entscheidend, dass du genau in dich gehst und dich selbst reflektierst. Vielleicht benötigst du dafür deinen geschützten Raum im Katzencafé. Konzentriere dich auf den wichtigsten Wert der jeweiligen Kategorie und frage dich, warum du dieser Kategorie besonders viel deiner Zeit widmest.

Meine Top-3-Kategorien waren:

1. Bildschirmzeit (~ 7 Stunden)
   → Wert: Unterhaltung
2. Nebenberufe inkl. Fahrzeit (~ 6,3 Stunden)
   → Wert: Erfolg
3. Fitness inkl. Fahrzeit (~ 4,5 Stunden)
   → Wert: Erfolg

Es fiel mir schwer, der Wahrheit ins Auge zu blicken und zu erkennen, dass meine Handlungen mir zeigten, dass ich mich weit von den Werten entfernt hatte, die ich eigentlich für richtig hielt. Die meiste Zeit verbrachte ich damit, zwischendurch ständig auf sozialen Medien zu sein, und fand mich abends übermüdet vor dem Fernseher wieder. Ich musste feststellen, dass der Wert, den ich damit vermittelte, Unterhaltung war. Ich wollte es nicht glauben, doch die Fakten lagen klar vor mir – das war mein persönlicher Status quo.

Auch die anderen Kategorien zeigten ein Bild, das mich zum Innehalten stimmte. Sowohl meine Nebenberufe als auch mein Fitnessprogramm waren vom Streben nach Erfolg getrieben. Besonders schockierend war für mich aber die Feststellung, dass meine Familie nicht einmal in den ersten fünf Kategorien auftauchte, obwohl ich mich selbst als einen familiären Menschen betrachtete. Diese Erkenntnis war sowohl ernüchternd als auch äußerst aufschlussreich. Ich bin mir sicher, dass du ähnliche Einsichten aus deiner Analyse gewinnen kannst.

Schritt 5: Die bereinigten Werte

Die Bereinigung der Werte wird schnell erledigt sein, denn hier streichen wir alle Werte durch, die aufgrund unserer adaptierten oder gespiegelten Identität entstanden sind. Zur Auffrischung: Eine adaptierte Identität umfasst alles, was wir aus unseren Rollen mitnehmen, während die gespiegelte Identität alles beinhaltet, was wir indirekt von unserer Umgebung als Lebensziel übernehmen.

Nun ja, wie soll ich es ausdrücken? Bei mir konnte ich die ersten drei Werte und weitere durchstreichen. Es blieben nicht mehr viele übrig.

Schritt 6: Das Idealbild

»Du kannst alles werden, was du möchtest« – ein häufig gehörter Satz, der in diesem Moment an Bedeutung gewinnt. Hier werden den grundlegenden Werten neue Leitwerte zugewiesen, die du nach Belieben in deine Prioritäten einfließen lassen kannst. Nimm dir Zeit, um tief in dich hineinzuhorchen. Was ist dir wirklich wichtig im Leben? Was sind deine Herzenswünsche und Sehnsüchte? Welche Prinzipien sollen dich leiten?

Der Schock, dass meine Familie es nicht auf meine Prioritätenliste geschafft hat, zeigte mir beispielsweise, dass ich diesem Leitwert unbedingt einen Platz in meiner Liste einräumen möchte. Es bedeutet jedoch nicht, dass Familie für jede Person automatisch Priorität haben muss, da dies durch persönliche Umstände bestimmt wird.

Und das ist das Besondere an den von uns gestalteten Leit-werten. Sie verleihen unserem Leben eine persönliche Note, denn welche Leitwerte wir wählen und an welcher Stelle der Liste sie stehen, hängt von individuellen Faktoren wie unserer Lebensgeschichte ab. Dadurch gleicht keine Liste der anderen.

Doch bevor du loslegst, möchte ich dir noch einige Tipps mit auf den Weg geben, die dir helfen sollen, dich selbst besser kennenzulernen. Denn in dir schlummert noch so viel Unent-decktes, genau wie es bei mir der Fall war.

Für manche Abenteuer genügt ein Daumen

Während ich also meine Identität kennenlernte, war von der ehemaligen Verletzung an meinem Fuß kaum noch was zu spüren. Eine Welle der Euphorie durchströmte mich, als ich endlich dem Gefängnis meiner eigenen vier Wände entkam. Jeder Schritt, den ich auf eigenen Beinen machen konnte, ließ mich die gewonnene Bewegungsfreiheit genießen. Ebenso bedeutsam waren die Schritte hin zu den Begegnungen mit mir selbst, die mir stets das Gefühl gaben, die Freiheit meines selbstbestimmten Lebens zu erlangen.

Mit diesem Aufwind in den Segeln fühlte ich den Drang, meine Träume zu verwirklichen. Besonders ein Traum loderte in mir, der zu meiner neu gewonnenen Freiheit passte. Als ich meinen Entschluss, diesen Traum in die Tat umzusetzen, meinen Eltern mitteilte, lauteten meine Worte: »Ich weiß noch nicht, wohin es gehen wird, aber ich werde trampen. Ich werde dorthin fahren, wohin auch immer die andere Person mich mitnimmt.«

Verblüffte und besorgte Gesichter starrten mich an. Eine be-drückende Stille lag in der Luft, die schließlich durch die Worte unterbrochen wurde: »Meinst du das ernst? Weißt du, wie viele seltsame Gestalten heutzutage da draußen herumlaufen?«

Felsenfest entschlossen, dieses Abenteuer zu erleben, stellte ich mich einige Tage später mit einem ausgestreckten Daumen und dem Schild »egal wohin« an den Straßenrand. Als die ersten Regentropfen fielen und ich langsam begann, an meiner Entscheidung zu zweifeln, hielt plötzlich ein Lkw einige Meter entfernt an. Der Fahrer öffnete die Tür und winkte mich zu sich. Zunächst war ich verunsichert, weil ich eher an Autos als Mitfahrgelegenheit gedacht hatte – Lkw waren nicht in meinem Plan. Doch er winkte weiter und rief mir zu: »Komm, ich nehme dich mit.« Mit meinem schweren Rucksack und dem Schlafsack, der an ihm baumelte, kletterte ich das erste Mal in meinem Leben in einen Lkw. Es war ein fantastisches Gefühl, dort oben zu sitzen und den Ausblick zu genießen. Der Fahrer strahlte mich an und fragte, wohin ich möchte. Ich antwortete: »Wohin auch immer du fährst«, und er strahlte voller Vorfreude zurück.

Mein Abenteuer begann vor meiner Haustür in Aachen und führte mich mit einem freundlichen Lkw-Fahrer zu einer Autobahnraststätte. Dort nahm mich eine nette Familie aus Köln mit in den Norden Frankreichs, wo sie gerade in den Urlaub fuhren. Inmitten einer idyllischen Landschaft wurde ich von einer französischen Berufspendlerin auf dem Weg nach Lille mitgenommen. Von Lille aus brachte mich ein tschechischer Lastwagenfahrer nach Paris und vermittelte mich vor Ort an einen anderen tschechischen Kollegen, der mich nach Spanien bringen wollte. Doch ich entschied mich, vorher auszusteigen, um mir Bordeaux anzusehen, eine Hafenstadt im Südwesten Frankreichs, berühmt für ihre Weine. So setzte mich der Fahrer kurz vor der Stadt ab, bevor er weiterfuhr. Ein Mann Anfang dreißig nahm mich dann mit seinem Auto mit in die Innenstadt, während er Cannabis rauchte. Im Hostel in Bordeaux lernte ich zahlreiche Menschen aus verschiedenen

Ländern kennen: aus Italien, England, Australien, Amerika und Mexiko, mit denen ich teilweise noch heute Kontakt halte. Ich aß mit Fremden, schlief in einem Zimmer mit ihnen, feierte mit ihnen und reiste mit Fremden. Anschließend fuhr ich tatsächlich mit einem kleinen Bus nach Spanien, nach Bilbao, von wo aus ich den Flug nach Düsseldorf nahm.

All diese Erlebnisse waren nur möglich, weil mir fremde Menschen ihr Vertrauen schenkten und mich mitnahmen. Ohne diese Kette der Freundlichkeit wäre ich am Straßenrand vor meiner Haustür geblieben und frustriert nach Hause zurückgekehrt. Die Werte, die all diese Menschen leiteten, haben mich fasziniert. Genau hier, in den Momenten meiner Reise, bekam ich eine Vorstellung von der Bedeutung der Menschlichkeit. Ich fügte die Menschlichkeit zu meiner Prioritätenliste hinzu, noch ungeahnt dessen, welchen Stellenwert sie noch einnehmen sollte und dass sie kein klassischer Leitwert sein kann.

Übrigens, wenn du jemals vorhast, in einen Lkw zu steigen, solltest du vorher die Schuhe ausziehen. Das mag im ersten Moment eigenartig erscheinen, aber es steckt Sinn dahinter. Die Lastwagenfahrer müssen ihre Fahrzeuge nach der Fahrt sauber zurückgeben, daher möchten sie sichergehen, dass nichts den Boden des Lastwagens verschmutzt. Neben dieser habe ich auf der Reise eine weitere Lektion gelernt:

Unsere Leitwerte entfalten sich erst in der Interaktion mit der Welt.

Daher ist es entscheidend, nicht nur im Vertrauten zu verharren, sondern den Mut aufzubringen, neue Orte, Aktivitäten und Menschen kennenzulernen, um neue Wege der Interaktion mit der Welt zu entdecken. Dies ermöglicht es uns erst, noch tiefer in die Erkenntnis darüber einzutauchen, was uns im Leben lenken sollte. Dabei ist es nicht erforderlich, gleich trampen zu gehen. Es genügt schon, einige neue Städte zu bereisen oder sich in einen Salsakurs zu wagen, wo neue Menschen auf einen warten. Trau dich, Neues auszuprobieren, und reflektiere anschließend, wie du dich danach gefühlt hast. Hat es dir Freude bereitet oder nicht? Möchtest du es noch mal machen oder lieber etwas anderes ausprobieren? In dem Austausch mit der Welt offenbart sich auch deine Antwort auf die Frage: Was erwarte ich von der Gesellschaft? Jeder Einzelne von uns ist ein bedeutender Bestandteil dieser Gemeinschaft und trägt dazu bei, sie zu formen.

Die Entscheidung darüber, welche Werte du zu deinen Leitwerten machen möchtest, obliegt ganz allein dir. Achte darauf, dass deine neue Liste ebenfalls nicht mehr als fünf Leitwerte umfasst. Dieser Richtwert ermöglicht es, uns auf das Wesentliche zu fokussieren.

Schritt 7: Orte der Morgenwerte

Wie in meinem Identitätsmodell beschrieben, nehmen wir uns die Leitwerte aus der Prioritätenliste und schauen, wo wir sie verwirklichen können. Wir überlegen, an welchen Orten oder mit welchen Personen wir diese Werte entfalten können und wo uns das besonders viel Freude bereiten würde. Notiere diese Orte oder Personen neben den entsprechenden Leitwerten in deiner Liste.

Den Wert der Bescheidenheit könntest du beispielsweise in einem Kloster besonders gut ausleben, falls dir das Freude bereitet. Die Freiheit könntest du in einer kreativen Malwerkstatt genießen. Den Wert der Gleichheit erlebst du möglicherweise auf Demonstrationen oder im Kreis von Menschen, die sich für das Wohl der Tiere einsetzen. Kreativität könntest du in einem Hobby finden, und Freundschaft lässt sich an vielen Orten erleben – nur nicht bei dem unbeliebten Onkel Paul.

Schritt 8: Weiterentwickeln und im Blick behalten

Unsere Identität definierte ich als die Schnittstelle zwischen den Leitwerten, die unser Idealbild formen, und unseren Handlungen. Das Ziel ist es somit, diese Schnittstelle stetig zu erweitern, indem wir immer mehr nach dem Idealbild handeln.

Die prägnantere Beschreibung der Identität ist: Du bist das, was du tust.

Das bedeutet, dass wir die Verteilung unserer Zeit anpassen müssen, damit die individuellen Leitwerte mit den in unserem Alltag aufgewendeten Zeitmengen harmonieren. Für unsere wichtigsten Leitwerte sollten wir innerhalb von drei Tagen feststellen können, dass wir ihnen die meiste Zeit, außerhalb unseres nächtlichen Schlafs und der regulären Arbeit, schenken.

Wenn du darüber nachdenkst, wie du am besten vorgehen sollst, wirf einen Blick auf deine Werte und überlege, was dich ihnen näherbringt und was dich von ihnen entfernt.

Unser Alltag wird oft von Routinen geprägt. Im Oktober 2010 veröffentlichten Dr. Phillippa Lally und ihre Kollegen eine Studie zur Entstehung von Gewohnheiten. Sie zeigten, dass es im Durchschnitt 66 Tage dauert, um eine Gewohnheit zu ändern. Daher sollten wir nicht erwarten, wir könnten schon morgen vollständig unseren Leitwerten folgen. Es ist ratsam, unsere Routinen langsam anzupassen, um nachhaltige Veränderungen zu erreichen.[11]

Es lohnt sich gelegentlich, auf unsere Prioritätenliste zu schauen und dadurch im Blick zu behalten, diese Aktivitäten der Morgenwerte in unseren Alltag zu integrieren. Das Leben steckt voller unerwarteter Geschichten, und manchmal müssen wir innehalten und prüfen, ob wir immer noch auf dem Weg sind, den wir uns ausgesucht haben.

Zweiter Teil

DIE MENSCHLICHKEIT: ZWISCHEN SCHATTEN UND KLARHEIT

Kapitel 4

DER BEGINN

Dem Menschsein gerecht werden

Es war Freitagabend und endlich war es so weit. Ich hatte voller Vorfreude eine neue, hochwertige Webkamera und zwei Leuchten online bestellt. Ein helles weißes Licht, um mein Gesicht optimal in Szene zu setzen, und ein sanftes blaues Licht, das für einen stimmungsvollen Hintergrund sorgen sollte. Mit jeder Sekunde stieg meine Aufregung und mein Herz begann, schneller zu schlagen. Ich schloss die Fensterläden, um ungestört und fernab neugieriger Blicke der Nachbarn zu sein.

Mit zittrigen Fingern startete ich meinen Laptop, schloss die Webkamera an und positionierte die Lichter. Als ich die Internetseite öffnete, war der Startknopf unübersehbar. Ich musste mich nicht anmelden und hätte sofort beginnen können. Ein einziger Klick, und die ganze Welt würde mich sehen. »Menschen aus allen Ecken der Welt?«, überlegte ich. Bevor ich den Knopf drückte, bemerkte ich unten eine Leiste mit Einstellungen. Schnell änderte ich die Region auf Deutschland. Immerhin hatte ich etwas auf Deutsch vorbereitet.

Mein Herz raste und allmählich spürte ich, wie der Schweiß auf meiner Haut erschien. Ich atmete tief durch, schloss die Augen und drückte den Startknopf. Als ich sie wieder öffnete, erschien ein Fenster, das mich aufforderte zu bestätigen, dass ich mindestens 18 Jahre alt bin. Ich bestätigte und es änderte sich das Erscheinungsbild der

Seite auf meinem Bildschirm. In der oberen linken Ecke sah ich nun ein Fenster, das mir gleich fremde Menschen zeigen sollte, während unten links mein eigenes Bild in der Webkamera erschien. Rechts davon gab es Platz für den Chat.

»Ist das wirklich so eine gute Idee?«, fragte ich mich, während meine Aufregung weiter stieg und ich auf die erste Person wartete. Ich war auf der Internetseite omegle.com unterwegs, eine Plattform, die zwei zufällige Personen per Videochat verbindet. Diese haben die Möglichkeit, miteinander zu sprechen, ohne sich vorher zu kennen oder persönliche Informationen auszutauschen. Wenn die Chemie stimmt, kann ein Gespräch entstehen, ansonsten können beide nach einem neuen Gesprächspartner suchen. Auf diese Weise wechselt man so lange die Person, bis man jemanden findet, mit dem man sich wohlfühlt, der einem gegenübersitzt und durch seine Webkamera auf der anderen Seite des Internets zu sehen ist. omegle.com ist keine Dating-Plattform, sondern eher eine Möglichkeit, Zeit mit Fremden zu verbringen, wie an diesem Freitagabend kurz vor Mitternacht.

In meiner Hand hielt ich ein Schild, auf dem ich die Frage »Bist du glücklich?« geschrieben hatte. Es verdeckte mein Gesicht, während ich es vor die Kamera hielt. Ein älterer, korpulenter Mann tauchte auf, der sein Gesicht auch nicht zeigen wollte. Ich konnte nur einen Ausschnitt von seinem Hals bis zum Ende seines grünen, leicht verwaschenen T-Shirts sehen. Was er beim Anblick meines Schildes empfand, bleibt mir ein Rätsel, denn er entschied sich dafür, auf »Nächstes Profil anzeigen« zu klicken und verschwand.

Auch andere schienen mit der tiefgründigen Frage nichts anfangen zu können oder wurden schlichtweg überrascht, sie hier gestellt zu bekommen. Einige von ihnen lachten, während andere mit Verwirrung reagierten oder mich grundlos beleidigten, bevor sie sich auf die Suche nach anderen Profilen machten. Schließlich tauchte ein Profil ohne sichtbare Person auf. Als ich über mein Blatt blickte, dass ich weiterhin vor die Kamera hielt, sah ich nur ein schwarzes Viereck anstelle eines Menschen. Eine männliche Stimme, unsicher und gedrückt, erklang aus der Dunkelheit: »Nein.«

Ich legte das Blatt beiseite und zeigte mein Gesicht, in der Hoffnung, dass auch er sich zeigen würde. Doch er tat es nicht. Das war nicht weiter schlimm, dachte ich mir und fragte: »Warum nicht?«

»Weil ich Depressionen habe.«

»Bist du in Therapie?«

»Ja, seit zwei Wochen … drei Wochen?!«

»Weißt du, woher die Depression kommt?«

»Beziehung damals. Nach vier Jahren verlassen. Wir waren kurz vor der Verlobung.«

»Bekommst du Unterstützung von deinen Eltern oder Freunden?«

»Es geht … eigentlich nicht. Deswegen bin ich zur Therapie gegangen. Bei mir in der Therapie ist rausgekommen, dass es an meiner Kindheit liegt. Weil die Person alles verändert hat. Sie hat mir die Liebe gegeben, die ich nie hatte, weißt du. Deswegen ein schwerer Verlust, aber was soll man machen? Fühlt sich an, als hätte ich alles verloren, was man verlieren kann. Mach's gut, tschau tschau.« Er beendete das Gespräch.

An jenem Abend verbrachte ich zwei Stunden auf der Plattform. Immer wieder hielt ich mein Schild hoch, und jedes Mal war es eine neue Überraschung, ob und wie die Menschen darauf reagierten. Manche, mit denen ich ins Gespräch kam, antworteten mit einem klaren »Nein«, begleitet von »Wenn ich glücklich wäre, wäre ich nicht hier«. Doch es gab auch jene, die zufrieden mit ihrem Leben und dem, was sie hatten, waren.

Dieser Schritt markierte für mich den Beginn, der »Menschlichkeit« gerecht zu werden – ein erster Schritt, um selbst menschlicher zu werden. Nach meinem Abenteuer als Tramper, bei dem ich viele Menschen traf, die diesen Wert verkörperten, wurde mir seine einzigartige Bedeutung klar. Ich erfuhr selbst Hilfe und fühlte den Drang, anderen ebenso zu helfen. Obwohl der Begriff viel mehr umfasst als nur die Hilfe für andere, musste ich irgendwo anfangen, und ich fing an: im Alltag. Hier liegt das größte Potenzial für persönliche Veränderung.

Als ich darüber nachdachte, was einen Menschen im Alltag überhaupt ausmacht, kamen mir die vielfältigen Gefühle in den Sinn, die wir ständig durchleben: Liebe, Hass, Trauer, Wut, Gelassenheit, Freude, Angst, Verwirrung, Einsamkeit, Dankbarkeit. Für mich bedeutete Menschlichkeit also zunächst, für Menschen da zu sein, wenn sie mit diesen Gefühlen konfrontiert sind. Es war sozusagen die erste Festlegung, wie ich handeln möchte, die ich später nach und nach verfeinerte.

Ich vertiefte mich gleichermaßen in meine eigenen Gefühle, um ein feineres Gespür für jene Gefühle anderer zu entwickeln.

Die Frage »Bist du glücklich?« bot einen guten Einstieg, um mit Menschen über ihre Gefühle ins Gespräch zu kommen. Außerdem war mir bewusst, dass viele Menschen an einem Freitagabend auf dieser Plattform nach Gesellschaft suchten, um der Einsamkeit zu entkommen. Aus eigener Erfahrung kannte ich das Gefühl der Einsamkeit.

Entsprechend beschloss ich, zunächst die Gefühle anzugehen, die mir durch meine eigene Geschichte noch sehr gegenwärtig waren. Auf diese Weise konnte ich ihr einen Sinn geben – einen Grund, warum all das geschehen war. Ich verwandelte mein Leid in Bedeutung und hoffte, dass andere von meinem Verständnis für ihre Gefühle profitieren könnten. Meine vergangene Traurigkeit inspirierte mich zu nachfolgenden Aktionen:

- Schokoriegel an zufällige Passanten in der Stadt zu verteilen, jeder versehen mit einem Zettel, auf dem stand: »Du bist wundervoll und verdienst es, glücklich zu sein.«
- Blumensträuße zu kaufen und sie noch während des Bezahlens an der Kasse den Kassierenden zu schenken
- Kaffee für alle Beteiligten eines Umzugs in der Nachbarschaft zu besorgen
- Kostenlos Hundebälle an die Hundebesitzer in einem Stadtpark zu verteilen

Jede »Aktion«, wie ich meine kleinen Projekte nun nannte, tat ich in der Hoffnung, jemandem den Tag mit einem Lächeln zu erhellen. Am Valentinstag bastelte ich ein Schild mit der Aufschrift: »Nimm eine Rose, wenn du Liebe brauchst« und hängte es an einen Baum, neben einer Sitzbank. Auf der Bank platzierte ich rote Rosen, die Passanten kostenlos mitnehmen konnten. Einige nahmen eine Rose für sich, während andere sie ihren Partnern oder Partnerinnen schenkten.

Auch dem Gefühl der Einsamkeit ging ich weiterhin nach. Um für einen Moment die Last der Einsamkeit zu erleichtern, suchte ich diejenigen auf, von denen ich annahm, dass sie zu den einsamsten Menschen der Welt gehören: Menschen ohne Obdach. Ich fragte höflich, ob ich mich zu ihnen setzen dürfe, sprach mit ihnen, hörte ihre Geschichten und erlebte sogar Momente wie jenen, als ein älterer Mann uns, die mitten in der Stadt auf dem Boden saßen, ausschimpfte und uns als »faules Pack« bezeichnete.

Während unserer Gespräche erfuhr ich, dass viele von ihnen kaum Gelegenheit hatten, sich die Haare schneiden zu lassen. Entschlossen durchstreifte ich die Friseursalons in Aachen und fragte nach kostenlosen Haarschnitten für obdachlose Menschen. Schließlich schloss sich Mahmoud, ein Eigentümer mehrerer Friseurläden, meiner Initiative an. Ich brachte sie zu ihm, und er schnitt und rasierte sie liebevoll. Mahmoud achtete darauf, dass keine Haare in ihre Kleidung fielen, und reinigte ihre Haare und Gesichter sorgfältig von den Härchen nach dem Schnitt. Um die Überraschung zu bewahren, bedeckten wir zu Beginn die Spiegel, sodass sie sich erst ganz zum Schluss in ihrem neuen Aussehen betrachten konnten. Die strahlenden Gesichter dieser Menschen waren herzerwärmend und unvergesslich. Sie erzählten uns, wie das gepflegte Gefühl ihnen ein neues Selbstbewusstsein schenkte. Einer von ihnen fand sogar kurz darauf eine Arbeit und konnte der Straße entkommen.

Der Mensch: 1 zu 4000.000.000.000

Es ist faszinierend, wie die Fäden des Lebens sich verweben. Unsere Eltern trafen einander zur richtigen Zeit am richtigen Ort, verliebten sich wahrscheinlich und daraus entstanden wir. Jede Begegnung, jede Entscheidung musste genau zum passenden Moment geschehen. Selbst die Begegnung der Eltern unserer Eltern war unerlässlich. Trotz Kriegen, Seuchen und Naturkatastrophen setzte sich dieses Geflecht bis in die fernsten Zeiten der Vergangenheit fort – eine endlose Abfolge von Zufällen oder Wundern, je nach Perspektive.

Die Wahrscheinlichkeit, dass du existierst und ich hier bin, beträgt 1 zu 400.000.000.000. Oder anders ausgedrückt, 0,00000000025 Prozent. In der Schule würde man dieses Ergebnis auf 0 Prozent runden, es scheint eine Unmöglichkeit zu sein. Mathematisch betrachtet dürften wir also eigentlich nicht existieren. Und doch sind wir hier. Im Verhältnis zu dieser Zahl ist der Lottogewinn zum Greifen nah. Oder haben wir bereits im Lotto gewonnen, indem wir existieren?[12]

Mit jedem weiteren Gedanken, der aufkommt, wächst die Anzahl der Nullen hinter dem Komma: Wie wahrscheinlich ist es überhaupt, dass Leben in irgendeiner Form existiert? Dass sich das Universum entfalten konnte und in ihr unsere Erde? Es kommen Zahlen zustande, die unsere Vorstellungskraft bei Weitem übersteigen. Sind wir nun einfach eine Abfolge von Zufällen oder sind wir ein Wunder?

Im Alltag mögen wir einige Menschen eher als Zufälle ansehen, während uns andere wie Wunder der Schöpfung erscheinen. Wenn wir aber nach einem Wort für etwas suchen, das unmöglich erscheint und dennoch Realität ist, suchen wir nach dem Begriff »Wunder«.

Aus dieser Perspektive betrachtet sind wir alle verwirklichte Wunder. Hier steht die Managerin eines millionenschweren Unternehmens und der Straßenbettler auf derselben Ebene der Bedeutung.

In jedem von uns liegt bereits das Bewusstsein über unsere Einzigartigkeit verborgen. Dies zeigt sich darin, dass wir aus unserem Leben das Beste herausholen möchten: Wir streben nach dem maximalen Glück, möchten die schönsten Erfahrungen machen, den Sinn des Lebens erkunden und unseren eigenen Weg gehen, ohne kostbare Zeit zu verschwenden. Wir erkennen also den unschätzbaren Wert unseres Lebens. Diesen Gedanken können wir weiterverfolgen. Denn was für mich gilt, gilt auch für andere. Weder bin ich bedeutender als eine fremde Person auf der Straße, noch bin ich unbedeutender.

Deshalb sollten wir zu dem Schluss kommen, dass jedes Leben es verdient, positiv erlebt zu werden. Wir haben darüber gesprochen, wie wichtig der Moment ist, die Gegenwart, und dass wir uns nicht von der Illusion der Zeit täuschen lassen sollten. Ein vergangener Moment kehrt nicht zurück. Auch das Wunder des Moments, diese zusammengerechneten Momente, die unser Leben ausmachen, vergehen unaufhaltsam.

Gemein ist, dass wir die überwältigende Chance des Lebens nur einmal haben. Dazu kommt, dass es für uns alle das erste Mal ist, dass wir ein Leben leben. Wir sitzen gewissermaßen im selben Boot und machen unsere ersten Erfahrungen im Leben – unsere Fehler, Erfolge, Rückschläge und Fortschritte.

Wir lernen, bis wir sterben, wie das Leben überhaupt funktioniert, und hoffen, dass wir am Ende unserer Tage so wenig wie möglich bereuen werden.

Was nach dem Leben passiert? Wer weiß das schon mit Sicherheit. Vielleicht nichts, vielleicht werden wir zu einem Teil von allem oder gelangen in den Himmel. Es gibt keine Gewissheit außerhalb der aktuellen Erfahrung des Lebens, die gewiss ist.

Und diese Erfahrung ist kostbar, besonders wenn wir die Möglichkeit haben, nicht nur unser eigenes Leben zu gestalten, sondern auch das Leben anderer zu beeinflussen. In einer Krise meines Lebens habe ich mir gewünscht, dass es keine Menschen mehr auf der

Welt gibt, da ich das Gefühl hatte, meine Probleme würden von ihnen geschaffen werden. Nichts anderes bringt einem so viel Kummer, wie es andere Menschen tun können. Wenn dies der Fall ist, bedeutet das umgekehrt aber auch, dass nichts einem so viel Freude bringen kann. Das bedeutet wiederum, dass wir selbst die Macht haben, einer anderen Person Kummer oder Freude zu geben, das Leben einer anderen Person signifikant zu verbessern, Teilhabe am Wunder der anderen zu haben, an unserem und gleichzeitig sogar an dem der anderen Menschen.

Wie kostbar empfinden wir die Menschen, die unser Leben positiv bereichern? Wie kostbar können wir sein, wenn wir das Leben anderer bereichern?

Wie kostbar ist es dann, wenn wir besonders bei Menschen, die am Rande der Gesellschaft leben und nicht das Privileg haben, unser Leben zu leben, dazu beitragen können, dass sie ihr Wunder als solches erleben können?

Jeder von uns hat die Fähigkeit, das Wunder des Lebens zu gestalten. Wir sind die Architekten unserer eigenen Wunder und können auch anderen dabei helfen, ihres zu erleben. Wer nur sich selbst als ein Wunder feiert, verpasst all die anderen Wunder um sich herum, denn ein Wunder kommt selten allein. Betrachten wir die Menschen auf diese Weise, erkennen wir die Schönheit, die in jedem Menschen und seinem Leben steckt. Vielleicht sollten wir uns entsprechend verhalten – als Wunder, die gleichermaßen unwahrscheinlich sind.

Die Wiederentdeckung der Menschlichkeit

Um die Erfahrung derjenigen nachempfinden zu können, die tagtäglich in den schmutzigen, übelriechenden Mülltonnen nach Pfandflaschen suchen, entschied ich mich dazu, ein Selbstexperiment zu wagen. Innerhalb von 24 Stunden setzte ich mir das Ziel, so viele Pfandflaschen wie möglich zu sammeln und jede Mülltonne meiner Umgebung zu durchsuchen. Trotz anfänglicher Überwindung griff ich tief hinein, in der Hoffnung, keine Scherben zu erwischen und mir keine Verletzung zuzuziehen. Von Weitem schon eine Flasche zu sehen, die außerhalb eines Mülleimers lag, zauberte mir ein Lächeln in Gesicht. Normalerweise würde ich ohne jegliche Regung daran vorbeigehen und der für mich belanglosen Flasche auf dem Boden keinen Gedanken schenken.

Schon bald durchzog mich ein Gefühl der Unreinheit, während mein Körper zu jucken begann. Jeder Kratzer barg das Risiko einer Entzündung, das ich nicht eingehen wollte. Ich musste mich zusammenreißen. Noch unangenehmer als das waren die scheinbar angewiderten Blicke der Passanten, die sie mir zuwarfen.

Am Ende des Experiments hatte ich 33,40 Euro gesammelt. Die Flaschen, die ich fand, wären wahrscheinlich von jemand anderem entdeckt worden. Deshalb steckte ich das Geld in eine Flasche und ließ sie auffällig in einen Mülleimer fallen, als ich einen Pfandsammler in der Nähe bemerkte. Er holte die Flasche heraus und hielt sie über seinen Kopf, sodass das Sonnenlicht den Inhalt sichtbar machte. Dankbar rief er mir zu, woraufhin ich mich umdrehte und mit ihm ins Gespräch kam. Als ich ihn fragte, was er den Menschen da draußen mitteilen würde, wenn er die Gelegenheit dazu hätte, antwortete er:

> »Ein Mensch zu sein, das ist schon Kunst. Das muss man draufhaben.«

Mit dieser Antwort hatte ich nicht gerechnet, aber er hatte völlig recht. Wir nehmen oft als selbstverständlich an, dass wir bereits wissen, was es bedeutet, ein Mensch zu sein – was es bedeutet, menschlich zu sein. Aber wenn das so einfach und klar wäre, warum empfinden wir die Welt dann nicht als solche? Im Gegenteil, wir haben oft den Eindruck, dass sie immer unmenschlicher wird. Es ist offensichtlich nicht so einfach, Mensch zu sein. Menschlichkeit bedeutet vor allem, menschlich zu handeln. Doch was bedeutet es nun genau, menschlich zu handeln?

Als ich versuchte, diese Frage zu beantworten, begann ich zuerst die Gefühle von uns Menschen zu betrachten, mit denen wir zu tun haben. Mit der Frage »Bist du glücklich?« begann meine Suche nach einer Antwort. Durch Begegnungen mit verschiedenen Menschen wurde der Schleier, der über dem Begriff der Menschlichkeit lag, immer durchlässiger. Im Lauf der Zeit fügten sich präzisere Aspekte zu meinem Verständnis dessen, was dieses Wort überhaupt bedeutet.

Als ich die Menschlichkeit zu einem Teil meiner Leitwerte machte, ist mir ein Merkmal entgangen. Sie kann kein klassischer Leitwert sein, denn diese sucht sich der Mensch aufgrund persönlicher Meinungen selbst aus. Das Menschliche grenzt sich von dieser Definition ab, da es bereits in jeder Person steckt – manchmal mehr und manchmal weniger. Aber im Grund genommen ist es vorhanden. Wir haben uns nicht dafür entschieden, es wurde uns vorbestimmt. Dieser Durchbruch führte letztendlich zu der Aufdeckung der Abendwerte.

Eine wiederkehrende Mischung aus fünf Eigenschaften der Menschlichkeit fiel mir bei meinen Beobachtungen auf – ihre fünf Säulen. Je mehr dieser Aspekte ich in einer Person fand, desto strahlender und ausgeglichener erschien sie mir – sie verkörperte eine innere Ruhe, Gelassenheit und Balance. Das Besondere an ihnen war stets, dass sie ein freundliches Gesicht zeigten und Zufriedenheit ausstrahlten. Ich konnte auch den Kontrast dazu erkennen. Je weniger dieser fünf Eigenschaften vorhanden waren, desto leerer und abwesender erschien mir eine Person. Irgendwie ausgebrannt und erschöpft vom Leben, bereits gekennzeichnet von Trauer. Ich war an einem Punkt angelangt, an dem ich mich bemühte, die fünf Säulen weiter zu erforschen und in mein Leben zu integrieren. Diese fünf Säulen sind:

- Mitgefühl
- Nachsicht
- Humor
- Neugier
- Hoffnung

Jede von ihnen verlangt die Achtsamkeit für den Moment und die Handlungsbereitschaft für die Gegenwart, die Realität – diese Schlüssel öffnen die Tür, damit das theoretische Konstrukt Lebendigkeit und Bedeutung erlangt.

Während eines längeren Aufenthalts bei meinem Bruder, der zwei kleine Kinder hat, genoss ich es, viel Zeit mit ihnen zu verbringen. So kam es dazu, dass wir gemeinsam auf dem Spielplatz waren. Im Sandkasten saß ein kleiner, weinender Junge. Meine Nichte, ohne zu wissen, warum der Junge weinte, ging ganz selbstverständlich zu ihm hin und fragte, ob sie zusammen spielen sollten. Der Junge hörte auf zu weinen und gemeinsam rannten sie herum, bis der Junge einen Marienkäfer entdeckte und meine Nichte rief. Beide knieten sich vor dem Marienkäfer nieder und staunten neugierig und lachend über ihn. Die Welt bestand in diesem Zeitpunkt für sie aus der Begegnung mit dem Marienkäfer, den sie ergründeten. Und ich ergründete die Reinheit ihrer Menschlichkeit.

Kinder besitzen das Mitgefühl und die Nachsicht füreinander, den Humor im Alltag, die Neugier für die Welt und die Hoffnung darauf, dass sich das Leben fügen wird. Alle fünf Säulen, die wir bei uns erst wiederentdecken müssen.

Kapitel 5

DIE FÜNF SÄULEN

Wie Menschen menschlich werden

Säule 1: Mitgefühl

Als soziale Wesen befinden wir uns ständig in unbewusster Interaktion miteinander und beeinflussen Handlungen und Gefühle anderer, selbst wenn uns keine persönliche Bekanntschaft verbindet. Das Phänomen des Ansteckens beim Gähnen ist weit verbreitet: Gähnt eine Person in unserer Nähe, sei sie uns bekannt oder nicht, aber wird von uns als sympathisch wahrgenommen, neigen wir dazu, mitzugähnen. Ebenso teilen wir die Trauer, wenn wir Bilder trauernder Menschen betrachten, und das Lachen, wenn wir uns in einer Comedyshow befinden. Selbst der bloße Anblick unseres eigenen Lächelns im Spiegel führt dazu, unsere Stimmung aufzuhellen. Es ist dieser direkte Zugang zu anderen und zu uns selbst, der uns stetig miteinander verbindet.

Mitleid, Empathie und Mitgefühl werden oft als Synonyme betrachtet, doch in ihrer Tiefe und Ausdruckskraft unterscheiden sie sich deutlich voneinander. Diese feinen Nuancen habe ich hautnah erfahren, als ich beschloss, eine neue Form des Handelns zu erkunden, die mich selbst in die Rolle des Hilfesuchenden versetzte.

Gekleidet in eine in die Jahre gekommene schwarze Jogginghose und mit abgenutzten Schuhen, die weiße Farbflecken vergangener Streichversuche trugen, betrat ich einen Supermarkt. Ein auffälliges T-Shirt und ein etwas zu groß geratener, grauer Kapuzenpullover vervollständigten meinen Auftritt. Mein Haar hatte ich bewusst wachsen lassen und mein Bart zierte mein Gesicht, seit ich ihn vor einigen Tagen nicht mehr rasiert hatte.

Die Türschranken des Supermarkts öffneten sich und ein Gedanke drängte sich erneut in mein Bewusstsein: »Was tust du hier eigentlich?!« Die neugierigen Blicke der Menschen, die mich von oben bis unten musterten, und ihre unbewusste Körpersprache, die mir zu verstehen gab, in welche Schublade sie mich stecken wollten, verstärkten nur meinen inneren Zwiespalt. Trotz meiner Bemühungen entfloh mir meine gewohnte Selbstsicherheit durch die Wahl meiner Kleidung und die subtile Interaktion mit meiner Umgebung. Ich fühlte mich schüchtern und verwundbar.

Meine Mission schien zunächst einfach zu sein: Ein Spielzeug schnappen, jemanden finden, der mir großzügig zwei Euro für das vermeintliche Geburtstagsgeschenk meines angeblichen Sohnes leiht, und dann dieser freundlichen Person als Dank großzügig fünfzig Euro zurückgeben. Es schien keine allzu große Herausforderung zu sein, dachte ich mir im Vorfeld. Einerseits wollte ich einmal die Rolle des Hilfebedürftigen einnehmen, um Empathie zu erfahren, andererseits wollte ich die andere Person ermutigen und ihr positives Handeln belohnen.

Da stand ich nun, mitten im Supermarkt, das Spielzeug fest umklammert. Plötzlich wurde ich von einer Kraft gelähmt, die mich daran hinderte, auch nur einen Schritt zu setzen. Minuten verstrichen, zehn, fünfzehn, zwanzig, und dennoch blieb ich reglos stehen. »Ich schaffe das nicht«, flüsterte es mittlerweile in meinem Kopf. Ich war gefangen in meiner Rolle, in der Rolle eines bedürftigen Vaters, dem einige Euro für das Geburtstagsgeschenk seines Sohnes fehlten. Ich brauchte Hilfe, aber wagte es nicht, danach zu fragen. Mein Blick war betrübt und ich vermied jeden Augenkontakt mit den Menschen um mich herum.

»Entweder du packst es jetzt, oder du gehst nach Hause«, ermahnte ich mich selbst, wissend, dass ich es bereuen würde, wenn ich einfach aufgeben würde. Es gab also nur eine Möglichkeit: Augen zu und durch. Aus vergangenen Erfahrungen wusste ich bereits, dass die schwierigsten Aktionen, bei denen ich über meinen eigenen Schatten springen musste, mir die größten Erkenntnisse brachten. Auch wenn das Gefühl anfangs immer Unbehagen auslöste, verspürte ich danach stets eine tiefe Freude. Dieser Gedanke gab mir den nötigen Anstoß, mich endlich zu bewegen.

In einem leeren Gang suchte eine Dame, etwa Mitte 40, nach einem Shampoo im unteren Regal. Das gab mir etwas Sicherheit, als ich mich ihr näherte. Langsam trat ich näher und sprach sie an: »Entschuldigen Sie bitte.« Sie drehte ihren Kopf nach oben und sah mich überrascht an. Sie betrachtete mich kritisch. »Es fehlen mir noch zwei Euro für das Geburtstagsgeschenk meines Sohnes. Könnten Sie mir vielleicht helfen?«, fragte ich sie schließlich. Sie zögerte einen Moment, bevor sie antwortete ...

Quizfrage: Wie reagierte die Dame im Supermarkt?

1. »Tut mir leid, ich kann dir nicht helfen.«
2. »Das ist traurig zu hören. Hier sind zwei Euro.«
3. »Ich kann mir vorstellen, wie ärgerlich das ist.
   Ich habe bestimmt noch Kleingeld.«
4. »Lass uns noch Luftballons für ihn holen.«

Diese Dame entschied sich für die zweite Option. Sie reichte mir großzügig die zwei Euro, und als Dank überraschte ich sie mit fünfzig Euro. Ihr Gesichtsausdruck verwandelte sich in ein strahlendes Lächeln, gefolgt von einer herzlichen Umarmung und einem aufrichtigen Dankeschön.

Diese Handlung wiederholte ich in den folgenden Tagen und erhielt unterschiedliche Reaktionen. Manchmal war es die erste Person, die ich ansprach, die mir half, und an anderen Tagen erst die sechste oder siebte Person. Die Optionen A, C und D waren ebenfalls keine bloßen Fantasien, sondern tatsächliche Reaktionen, denen ich bei diesen Aktionen begegnete. Jede dieser verschiedenen Antworten hinterließ bei mir ein anderes Gefühl, selbst die drei helfenden Reaktionen.

1. In der ersten Antwort wird deutlich, dass die Person meine Probleme nicht an sich heranlassen möchte. Sie verhält sich distanziert und versucht, der Situation so schnell wie möglich zu entkommen. Vielleicht glaubt sie, mein Problem sei selbst verschuldet und ich verdiene deshalb keine Hilfe. Vielleicht möchte sie auch nicht mit negativen Emotionen konfrontiert werden oder denkt, sie habe bereits genug eigene Probleme. Sicher ist jedoch, dass die abgelehnte Hilfe mir das Gefühl gab, es nicht wert zu sein, Unterstützung zu erhalten. Ich fühlte mich allein gelassen, im Stich gelassen, machtlos und ohnmächtig.

2. Die bereits genannte Dame zeigte Mitleid, was sich in einer distanzierten, oberflächlichen und passiven Haltung äußert. Dabei wird oft eine gute Tat vollbracht oder etwas gesagt, um sich selbst besser zu fühlen. Das Tückische am Mitleid ist, dass es das Leiden nicht mindert, sondern eher verstärkt. Floskeln wie »Das ist traurig«, »Das tut mir leid« oder »Hört sich schrecklich an« können das Leiden fördern, indem sie den Fokus auf das Leid des anderen legen. Die Person wird in eine Opferrolle gedrängt, und indem wir ihren negativen Gefühlen zustimmen, steigern wir die bedrückende Stimmung, was sie sich noch schlimmer fühlen lässt. Mitleid lindert kein Leid, sondern verstärkt es nur. Es lässt eine Person, nämlich den Gebenden, sich gut fühlen.

3. Die dritte Person zeigt Empathie, indem sie sich einfühlt, wie es wäre, in der Situation des anderen zu sein, und entsprechend reagiert. Häufig hört man dabei Sätze wie »Ich kann mir vorstellen, wie schwer das für dich sein muss« oder

»Ich verstehe, was du gerade durchmachst«. Durch empathisches Verhalten signalisieren wir der anderen Person, dass wir ihre Gefühle nachempfinden können, und geben ihr Raum, sich verstanden zu fühlen. Indem wir die Situation aus ihrer Perspektive betrachten, ermöglichen wir es ihr, sie von außen zu betrachten und potenzielle Lösungsansätze zu erkennen.

4. Die vierte Reaktion geht noch einen Schritt weiter und offenbart Mitgefühl, indem sie sich aufrichtig bemüht, die Gefühle des anderen zu verstehen, ohne sie mit den eigenen zu vermischen und ohne zu urteilen. Mitgefühl bedeutet, aktiv etwas zu unternehmen, um der Person in ihrer aktuellen Lage zu helfen. Menschen, die Mitgefühl zeigen, hören aufmerksam zu, sind freundlich und haben ein Gespür dafür, was die betroffene Person wirklich benötigt. Sie drücken nicht einfach nur ihr Bedauern aus oder behaupten zu verstehen, sondern handeln und demonstrieren so, dass sie die Bedürfnisse des anderen wahrnehmen und für sie da sind. Dadurch wird die Situation besonders persönlich. Das Entscheidende ist, dass sie aktiv werden, um die Situation des anderen zu verbessern. Die Person erkannte, dass ich wahrscheinlich mehr als nur ein Geschenk für den Geburtstag meines Sohnes benötigte, um ihm einen schönen Tag zu bereiten und mir den Druck von den Schultern zu nehmen. Das ist Mitgefühl.

Emphatischer Stress vs. Mitgefühl

Unsere Fähigkeit zur Empathie kann sich in zwei unterschiedliche Richtungen entwickeln, was zu Mitgefühl oder empathischem Stress führen kann. Letzteres bezeichnet das Gefühl, von den Leiden anderer überwältigt zu sein. Ursprünglich gesunde empathische Reaktionen können sich in persönlichen Stress verwandeln, da man sich emotional von dem Leid anderer angesteckt fühlt. In beruflichen Bereichen wie der Medizin oder humanitären Hilfe wird oft geraten, eine emotionale Distanz zu wahren.

Die Neurowissenschaftlerin und Psychologin Dr. Olga Klimecki erklärt allerdings in einem Interview, dass das Unterdrücken negativer Emotionen sogar zu einer Verstärkung der Stressreaktion führen kann. Menschen in helfenden Berufen, die häufig freundlich auftreten müssen, wie zum Beispiel Pflegekräfte, Flugbegleiter oder Therapeuten, neigen daher oft zu erhöhten Stresswerten.[13]

Im Gegensatz dazu steht Mitgefühl, das eine positivere Herangehensweise an das Leiden anderer bietet.

Während Mitgefühl ebenfalls das Mitempfinden von belastenden Emotionen beinhalten kann, geht es zusätzlich mit Gefühlen der Wärme und Fürsorge einher.

Empathischer Stress tritt übrigens nicht auf, wenn positive Emotionen wie Freude auf uns überspringen. Vielmehr führt dies zu einem Gefühl der Entlastung und des Wohlbefindens, was dem Stress entgegenwirkt.

Ein Vergleich verdeutlicht die Auswirkungen der jeweiligen Ausprägungen auf unsere körperliche und psychische Gesundheit.[14]

	Empathischer Stress	Mitgefühl
Emotionale Reaktion	Selbstbezogene emotionale Reaktion	Emotionale Reaktion auf andere
Gefühle	Negative (z. B. Stress und Angst)	Positive (z. B. Fürsorge und Liebe)
Gewohnheiten	Schlechte (z. B. Burnout)	Fördernde gesundheitliche Auswirkungen (z. B. gesteigerte Energie)
Verhalten	Sozialer Rückzug	Motivation und positive Einstellung

Neurologische Studien belegen, dass Mitgefühl unser Wohlbefinden positiv beeinflusst, indem sie zeigen, dass dabei bestimmte Hirnregionen aktiviert werden, die Empathie nicht aktiviert.[15]

Der Unterschied besteht darin, dass Mitgefühl durch eine aktive und unterstützende Haltung gekennzeichnet ist. Dabei bleibt aber eine klare Grenze zwischen den eigenen Gefühlen und denen der Person, die Unterstützung benötigt, bestehen. Diese Balance ermöglicht, ähnlich der Empathie, eine emotionale Verbindung, jedoch mit einem zusätzlichen Hauch von Optimismus: dem Lichtblick auf Hilfe. Die Unterstützung der leidenden Person kann die Freisetzung von Endorphinen, körpereigenen Schmerzmitteln, auslösen, was zu dem Gefühl der Wärme und des Wohlbefindens führt. So kommt es dazu, dass der Beistand nachweislich nicht nur das Leid der anderen Person befreien kann, sondern auch das eigene.[16]

Darüber hinaus führen mitfühlende Handlungen, wie positive soziale Interaktionen und freundliche Gesten, zur Ausschüttung des Hormons Oxytocin, das als »Liebeshormon« bekannt ist. Oxytocin spielt eine entscheidende Rolle bei der Knüpfung von Beziehungen zu anderen Menschen, einem grundlegenden Bedürfnis der menschlichen Psyche. Es ist ein erstaunliches Molekül, das nicht nur die Heilung von Wunden fördert, sondern auch positive Emotionen wie Liebe und Freude verstärkt und negative Emotionen wie Angst und Wut reduziert. Ein niedriger Oxytocinspiegel wird sogar mit Depressionen und einem Gefühl der Bedrohung des eigenen Überlebens in Verbindung gebracht.[17, 18]

Durch die Praxis von Mitgefühl stärken wir direkt unsere Gesundheit. Die bedeutende Empfehlung wird in Gesundheitsratgebern häufig übersehen, obwohl die heilsame Krafte des Mitgefühls für alle Beteiligten enorm ist.

Ist es möglich, Mitgefühl zu lernen?

Die Überzeugung, dass Mitgefühl ein angeborener Bestandteil der menschlichen Natur ist, lässt mich daran glauben, dass es weniger darum geht, es zu *erlernen*, sondern vielmehr darum, es zu *stärken*. Verschiedene Ansätze stehen dafür zur Verfügung, wie beispielsweise die analytische Methode der Mitgefühlsorientierten Therapie (Compassion Focused Therapy – CFT) oder praktische Methoden der Mitgefühls-Meditation.

Lass mich dir deshalb die Metta-Meditation vorstellen, auch bekannt als die Meditation der liebenden Güte (engl. Loving-kindness meditation). Die innere Haltung, die sie verkörpert, bildet das Fundament für sämtliche buddhistische Meditationen. Ihre Wirkung wurde bereits durch wissenschaftliche Studien belegt, unter anderem durch die renommierte Professorin für Psychologie an der University of North Carolina at Chapel Hill, Barbara L. Fredrickson.[19]

Die Metta-Meditation zielt darauf ab, Gefühle der Verbundenheit und der liebevollen Güte bewusst anzusprechen. Hierbei kommen Metta-Sätze zum Einsatz, welche innere Wünsche repräsentieren, die man wiederholt und visualisiert. Der Fokus liegt nicht bloß auf der Rezitation dieser Phrasen, sondern auf dem bewussten Erfahren der damit verbundenen Emotionen. Ziel ist es, eine vorurteilsfreie, positive und mitfühlende Haltung gegenüber unseren Mitmenschen, aber auch uns selbst gegenüber zu entwickeln.[20]

Ein wesentlicher Schlüssel zum Erfolg dieser Praxis liegt in unserer grundsätzlichen Einstellung zum Mitgefühl. Obwohl Menschen allgemein dem Mitgefühl positiv gegenüberstehen, können tief verwurzelte Vorurteile uns daran hindern, danach zu handeln und sogar eine gewisse Angst davor erzeugen. Es ist wichtig, uns diese Vorurteile anzuschauen und zu erkennen, dass sie oft nicht der Realität entsprechen.

Mitgefühl kann auf vielfältige Weise zum Ausdruck gebracht werden — sei es durch Unterstützung anderer, durch das Annehmen von Mitgefühl von anderen oder durch die Fähigkeit, sich selbst mitfühlend zu begegnen.

Aus diesem Grund sind die Vorurteile entsprechend diesen Kategorien geordnet.[21] Erkennst du dich in einigen davon wieder?

Vorurteile bezüglich des Gebens von Mitgefühl:

- Ich befürchte, dass Menschen mich ausnutzen könnten, wenn sie mich als zu mitfühlend betrachten.
- Ich empfinde, dass es Menschen gibt, die kein Mitgefühl verdienen.
- Ich glaube, es ist wichtig, dass Menschen sich selbst helfen, anstatt darauf zu warten, dass andere ihnen helfen.

Vorurteile bezüglich des Empfangens von Mitgefühl:

- Ich betrachte es als Schwäche, auf die Freundlichkeit anderer angewiesen zu sein.
- Ich befürchte, dass ich enttäuscht werde, wenn ich Verständnis und Mitgefühl von anderen benötige und es nicht erhalte.
- Ich fürchte, dass mir andere zu nahe treten, wenn sie freundlich und mitfühlend sind.

Vorurteile bezüglich des Mitgefühls für sich selbst:

- Ich halte es für notwendig, im Leben hart zu sein, um erfolgreich zu sein.
- Ich befürchte, dass meine Standards sinken, wenn ich weniger selbstkritisch mit mir bin.
- Ich befürchte, egoistisch zu werden, wenn ich Selbstmitgefühl praktiziere.

Wer seine Vorurteile überwindet, öffnet sich für Mitgefühl und ermöglicht so persönliches Wachstum. Erst dann entfaltet die Metta-Meditation ihre volle Wirkung. Anfangs mag diese Art der Meditation befremdlich erscheinen, so erging es zumindest mir. Sie wirkt, als würde man sich etwas vormachen, indem man Phrasen wiederholt. Jedoch würde ich diese Praxis nicht ausüben, wenn sie nicht einen nachweisbaren Nutzen hätte, denn ich bin kein Freund davon, sich etwas vorzumachen. Die Metta-Meditation dient nicht dazu, sich selbst zu täuschen, sondern durch wiederholte Praxis die neuronalen Strukturen des Gehirns zu verändern und die tief verankerten Glaubenssätze auszutauschen. Im Folgenden zeige ich dir, wie eine solche Meditation ablaufen kann.

ÜBUNG: Die Metta-Meditation[22]

Nimm eine aufrechte und angenehme Sitzhaltung ein, die es dir ermöglicht, zur Ruhe zu kommen.

Schließe deine Augen und lenke deine Aufmerksamkeit auf dich selbst.

Spüre deinen Atem, die wohltuende Wärme in deinem Inneren, den Rhythmus deines Herzschlags und erkenne deinen emotionalen Zustand.

Erlaube dir, dich vollkommen anzunehmen, genau so, wie du bist, und erschaffe ein Gefühl von innerem Frieden, Geborgenheit und liebevoller Güte in deinem Herzen.

Sobald du diese innere Haltung aufgebaut hast, sprich die folgenden Sätze:

- »Möge ich sicher und geborgen sein.«
- »Möge ich gesund sein und mit Leichtigkeit durchs Leben gehen.«
- »Möge ich glücklich und zufrieden sein.«
- »Möge sich mein Leben entfalten und erblühen.«

Tauche tief in dich hinein und spüre das Gefühl, das die Sätze in dir auslösen. Erlaube dir, diesen Moment zu genießen. Richte nun deine Gedanken auf eine Person, die dir sehr nahesteht, die eine besondere Bedeutung für dich hat und die du in deinem Herzen trägst. Sprich für sie die folgenden Sätze aus:

- »Mögest du sicher und geborgen sein.«
- »Mögest du gesund sein und mit Leichtigkeit durchs Leben gehen.«
- »Mögest du glücklich und zufrieden sein.«
- »Möge sich dein Leben entfalten und erblühen.«

Du beobachtest, wie die Person in deinen Gedanken vor dir langsam verschwindet. Doch das ist nicht weiter schlimm. Stattdessen konzentrierst du dich auf einige Atemzüge – tief einatmen und langsam ausatmen.

Betrachte nun gedanklich eine Person, die du als herausfordernd empfindest und mit der es öfter Reibungspunkte gibt. Trotz möglicher Konflikte zwischen euch, urteile nicht über sie, sondern wiederhole die Sätze für sie:

- »Mögest du sicher und geborgen sein.«
- »Mögest du gesund sein und mit Leichtigkeit durchs Leben gehen.«
- »Mögest du glücklich und zufrieden sein.«
- »Möge sich dein Leben entfalten und erblühen.«

Langsam verschwimmt auch dieses Bild in deinem Geist, und du richtest deine Achtsamkeit wieder auf deinen Atem. Atme ein paarmal tief ein und langsam aus. Spüre, wie ein strahlendes, wärmendes Licht in deiner Mitte entsteht. Es breitet sich langsam aus. Mit jedem Moment wird es heller und größer, wächst über deine eigene Gestalt hinaus und füllt den Raum aus, in dem du dich befindest. Es dehnt sich weiter aus und umhüllt zuerst deine Liebsten, dann die Menschen, die du als herausfordernd empfindest, und schließlich alle Menschen auf der Erde. Das Licht, das seinen Ursprung in dir hat, umhüllt die ganze Welt.

Jetzt sprichst du die vier Sätze aus:

- »Möget ihr sicher und geborgen sein.«
- »Möget ihr gesund sein und mit Leichtigkeit durchs Leben gehen.«
- »Möget ihr glücklich und zufrieden sein.«
- »Möge sich euer Leben entfalten und erblühen.«

Verweile noch einen Moment in diesem Zustand und akzeptiere, wie du dich gerade fühlst.

Säule 2: Nachsicht

Dieses Kapitel führt uns von dem sanften Licht der Metta-Meditation in die dunklen Schatten der Menschlichkeit. Den Sprung müssen wir wagen, um dem Kern der Nachsicht näher zu kommen und damit verbundene Dilemmata aufzubrechen. Dabei wird das, was wir bisher aufgebaut haben, auf die Probe gestellt.

Warum wir annehmen, dass Menschen böse sind

In einer Welt, in der Produkte ein Fair-Trade-Siegel benötigen, Plakate gegen die Abholzung des Regenwalds protestieren und Kriege die Schlagzeilen dominieren, offenbart sich die dunkle Seite der Menschheit: Unterdrückung, Kinderarbeit, Terrorismus, Kriege,

Umweltzerstörung und Korruption. Es fällt schwer, noch an die Freundlichkeit und das Mitgefühl unserer Spezies zu glauben. Die Begeisterung, der Mensch sei ein Wunder, schwindet ebenso, wenn man bedenkt, zu welch grausamen Taten er fähig ist. Vor diesem Hintergrund drängt sich die Frage auf: Wie kann ich behaupten, dass die Nachsicht grundlegend zum Wesen des Menschen gehört? Widersprechen die Beispiele nicht genau dem?

Die kulturelle Überzeugung, dass es zur menschlichen Natur gehört, zu solchen Gräueltaten fähig zu sein, prägt auch die heutige Generation. Diese Vorstellung hat einen bedeutenden Einfluss auf unsere zwischenmenschlichen Beziehungen und sogar auf unser eigenes Selbstverständnis.

> Wenn wir davon ausgehen, dass das Menschsein von Grund auf böse ist, neigen wir eher dazu, unserem Gegenüber mit Skepsis zu begegnen und anzunehmen, dass er oder sie hinterlistige Absichten hegt und nicht aufrichtig zu uns ist.

Kurz vor Ostern erhielt ich von einer begabten Näherin zwanzig liebevoll selbst gemachte Osterkörbchen, die mit Süßigkeiten gefüllt waren. Sie schenkte sie mir, mit dem Gedanken, sie weiterzugeben, da sie in den sozialen Medien mitbekommen hätte, dass ich anderen gern eine Freude bereite. Es waren wunderschöne aus Plüsch gefertigte Körbchen mit der Gestalt niedlicher, hellbrauner Hasengesichter; ihre Schlappohren waren zusammengebunden und bildeten den Griff des Korbs.

Ich war überzeugt, dass sie sehr begehrt sein würden. Doch als ich versuchte, sie in der Innenstadt zu verteilen, stieß ich unerwartet auf viele Ablehnungen. Ungläubige Gesichter begegneten mir, die nicht glauben wollten, dass ich die Körbchen kostenlos verschenke. Sie suchten nach einem Haken, der nicht vorhanden war. Die Menschen waren mir gegenüber sehr skeptisch eingestellt, was ich aber nicht persönlich nahm, da es ihre Einstellung zur Gesellschaft widerspiegelte – die Annahme, dass die Intentionen der Menschen prinzipiell eher böse sind.

Aber woher kommt das? Es ist bekannt, dass wir dazu neigen, negativen Informationen mehr Gewicht zu geben als positiven. Dies hat berechtigte Wurzeln in unserer Evolution, denn das Erkennen von Gefahren und das Erinnern daran waren einst überlebenswichtig. Wenn ein Mitmensch nach dem Verzehr einer Beere starb, mied man diese Frucht. Ebenso rettete die Information, dass man ein Mammut lieber nicht streicheln sollte, Leben. Die Natur hat klug vorgesehen, dass Gefahren stärkere Emotionen hervorrufen als harmlose Situationen, wodurch wir uns besser an sie erinnern.

Sensationelle Nachrichten fesseln daher unsere Aufmerksamkeit und durchbrechen zusätzlich die Monotonie des Alltags. Medien verstehen es, diese Anziehungskraft für sich geschickt zu nutzen. Heutzutage präsentieren sie Neuigkeiten oft als eine Folge aufregender, jedoch nicht immer zusammenhängender Ereignisse: ein Krieg in der Ukraine, gewaltvolle Demonstrationen in Spanien und eine Brandstiftung in Berlin. Unser Gehirn verliert sich nicht in Nebensächlichkeiten, sondern hält sich vor allem an den überwiegend negativen Informationen fest und schlägt den Alarm: »Achtung, Gefahr durch Menschen!« Dieses Phänomen ist in der Wissenschaft längst bekannt und wird als »Mean World Syndrome« (dt. Gemeine-Welt-Syndrom) bezeichnet.[23]

Das Problem echter Nachrichten liegt nun darin, dass sie nicht nur unsere Wahrnehmung von Menschen und Gesellschaft verzerren, sondern auch dazu neigen, das Alltägliche, das eigentlich Bedeutsamere, in den Hintergrund zu drängen. Dies führt oft dazu, dass wir schnell glauben, die Mehrheit der Terroristen seien Muslime, obwohl dies nicht der Realität entspricht.[24] Oder wir sind überzeugt, die Welt werde immer schlechter, obwohl dem widerlegt werden kann. Tatsächlich hat sich die Welt in praktisch allen Bereichen des menschlichen Wohlstands – Armut, Alphabetisierung, Gesundheit, Freiheit und Bildung – im Vergleich zu früheren Jahrhunderten außerordentlich verbessert.[25]

Doch dürfen wir nicht übersehen, dass nicht alle journalistischen Werke auf dieser Sensationslust basieren. Es existieren zahlreiche informative Formate, die dazu beitragen, ein tieferes Verständnis für unsere Welt zu fördern.

Damit mag erklärt sein, warum wir Menschen oft als böswillig wahrnehmen, doch bleibt die Tatsache, dass Kriege existieren und Menschen sich gegenseitig bekämpfen, bestehen. Liegt unsere Natur also doch in der Böswilligkeit?

Warum wir annehmen sollten, dass Menschen gut sind

Die Erkenntnisse aus dem Bereich der Evolution legen genau das Gegenteil nahe. Moderne Anthropologen wie Brian Hare vertreten nicht mehr das klassische Konzept des »Überlebens des Stärkeren«, sondern setzen auf das Prinzip des »Überlebens der Freundlichsten« (engl. »Survival of the Friendliest«). Während wir den Großteil unserer Geschichte als Jäger und Sammler verbrachten, haben Menschen von diesem Ansatz profitiert. In den herausfordernden Umgebungen vergangener Zeiten war Sicherheit von enormer Bedeutung, und diese fand man in der Unterstützung von Familie und Freunden. Sie waren es, die einem beistanden, wenn man krank war oder bei der Jagd erfolglos blieb. Und die Sympathie dieser Gruppen gewann man nicht durch Aggression, sondern durch Freundlichkeit.[26]

Der Mensch erscheint prinzipiell also als eine freundliche Spezies, jedoch lässt sich gelegentlich nicht leugnen, dass sein Handeln weit hinter den Erwartungen zurückbleibt.

> Oft sind Menschen fest davon überzeugt, auf der Seite des Guten zu stehen und sich für das Richtige einzusetzen, selbst wenn ihre Handlungen gewalttätig sind. Ironischerweise werden grausame Handlungen sogar meistens damit gerechtfertigt, dass sie zur Verbesserung der Welt dienen sollen.

Im Verlauf des Zweiten Weltkriegs wurden die Deutschen nicht über Nacht zu Nazis; vielmehr spielte gezielte und sorgfältig vorbereitete Propaganda eine entscheidende Rolle. Diese Propaganda erfasste die Stimmung im Land präzise und zielte darauf ab, die Emotionen der Menschen zu beeinflussen. Auf diese Weise drangen die ideologischen Konzepte des Holocaust langsam in die Gesellschaft ein, bis sie von vielen akzeptiert wurden.

Über jedem Krieg mag ein Leitspruch fest verankert sein: Töten oder getötet werden. Samuel Marshall, ein US-amerikanischer Offizier und Militärhistoriker, hatte nach der Eroberung der Insel Makin im Pazifik im Jahr 1943 die einzigartige Gelegenheit, die US-Truppen vor Ort zu interviewen. Es kam überraschenderweise heraus, dass die meisten Soldaten nicht einmal geschossen hatten, obwohl sie in einer heiklen Lage gegen die Japaner kämpften. Lediglich 36 von 300 Männern setzen ihre Gewehre ein. Ähnliche Ergebnisse ergaben sich aus Marshalls Interviews an anderen Fronten, wie der europäischen Front: Nur 15 bis 25 Prozent der Soldaten hatte überhaupt geschossen, und viele hatten nicht einmal daran gedacht, dies zu tun. Man geht davon aus, dass die Erkenntnisse wahrscheinlich auf alle Soldaten in verschiedenen Zeiten und Konflikten übertragbar sind.[27]

In seinem Buch schreibt Marshall: »Es ist daher vernünftig zu glauben, dass der durchschnittliche und normalerweise gesunde Einzelne – der Mann, der die geistigen und körperlichen Belastungen des Kampfes ertragen kann – immer noch einen inneren und in der Regel unerkannten Widerstand gegen das Töten eines Mitmenschen hat, sodass er nicht aus eigenem Antrieb Leben nehmen wird, wenn es möglich ist, sich von dieser Verantwortung abzuwenden. Obwohl es unwahrscheinlich ist, dass er jemals seine eigenen Gefühle so eingehend analysiert, um zu wissen, was seine Hand daran hindert, wird seine Hand dennoch angehalten. An dem entscheidenden Punkt wird er zu einem unbewussten Kriegsdienstverweigerer.«[28]

Das Problem von Kriegen und anderen Tragödien liegt nicht in den normalen Bürgerinnen und Bürgern, sondern in den mächtigen Menschen, die nie die wahren Konsequenzen ihrer Entscheidungen erleben und auch keine persönlichen Konsequenzen fürchten – eine unkontrollierte Macht, die Befehle gibt. Personen, wie der russische Präsident Vladimir Putin, der nordkoreanische Führer Kim Jong-un und der Präsident Eritreas, Isaias Afewerki, sind autoritäre und unterdrückerische Herrscher, deren größte Furcht der Verlust ihrer Macht ist. Ihr Feindbild ist der Mensch selbst, denn jeder könnte ihnen potenziell ein Messer in den Rücken rammen. Aus dem Grund ziehen sie sich von der Gesellschaft zurück, verlieren den Bezug zum Leid anderer und lassen die menschliche Seite in sich verkümmern. Das Resultat ist eine Entfremdung des Menschlichen, die ihre Handlungen bestimmt.

Um meine These zu überprüfen, dass der Mensch von Natur aus gut ist, schlage ich ein Alltagsexperiment vor: Suche dir eine Bank an einem belebten Ort, von der aus du einen guten Überblick über die Umgebung hast. Beobachte eine Weile lang die Menschen um dich herum und zähle, wie viele sich rücksichtslos und wie viele sich rücksichtsvoll verhalten. Gern kannst du mich über das Ergebnis informieren.

Die Anerkennung, dass Menschen im Grunde keine bösen Absichten hegen, sondern lediglich falsche Schlussfolgerungen über die Welt ziehen, legt nahe, über Nachsicht gegenüber anderen zu sprechen. Tatsache ist, dass der Mensch im Kern nichts Böses will, aber dennoch fehlerhaft handeln kann, was einen konkreten Aspekt verdeutlicht: Wir alle machen Fehler und sind nicht vollkommen. Diese Sichtweise eröffnet die Möglichkeit zu erkennen, dass alle unvollkommenen Menschen es verdienen, so behandelt zu werden, wie unvollkommene Menschen behandelt werden sollten. Dies erreichen wir durch Nachsicht. Mit Nachsicht meine ich nicht, alles zu tolerieren und zu billigen.

Es bedeutet vielmehr, Verständnis für Fehler, Schwächen und Fehlverhalten anderer zu zeigen, selbst wenn man sie nicht vollständig nachvollziehen kann.

Nachsicht beinhaltet auch die Bereitschaft, anderen Fehler zu verge-
ben oder ihnen eine zweite Chance zu geben, ohne sie im alltäglichen
Umgang zu verurteilen oder zu bestrafen. Insgesamt geht es bei der
Nachsicht darum, anzuerkennen, dass wir alle unperfekte Wesen sind.

Wie ich mir, so ich dir

Ich wollte herausfinden, ob Menschen auch zu etwas bereit sind, was
über die finanzielle Hilfe hinausgeht: eine Umarmung. Ein Akt der
körperlichen Nähe, der auf wundersame Weise den Schmerz eines
Menschen lindern kann.

Unter dem Vorwand, dass es mir nicht gut ginge und ich mit vielen Problemen kämpfte, entschied ich mich, eine fremde Person nach
einer Umarmung zu fragen. Also begab ich mich erneut in den Supermarkt und war fast schon überrascht, dass die Mitarbeiter mich nicht
inzwischen fragten, was ich dort immer tat – es war doch stets dersel-
be Supermarkt für meine kleinen Experimente. Schnell bemerkte ich
eine Dame, die mir entgegenkam und in eine Abteilung abbog. Ich
folgte ihr und versuchte, mich in meine Rolle zu versetzen.

Als ich mich bereit fühlte, sprach ich sie an: »Entschuldigen Sie
bitte die Störung, aber ich mache gerade vieles durch und es geht mir
nicht gut. Könnten Sie mich umarmen?«

Die Dame schaute mir gekränkt in die Augen und zog ihre Mütze
ab. Darunter keine Haare. Erst jetzt bemerkte ich die fehlenden Augenbrauen. Sie schaute mich an und sagte: »Es tut mir sehr leid, ich
würde dir gern helfen, aber ich mache gerade eine Chemotherapie.
Ich darf dich nicht umarmen.« Sie atmete laut aus, drehte sich um
und schob ihren Einkaufswagen weiter.

Ich machte mir Vorwürfe: »Wie konnte ich das vorher nicht bemerkt haben?«

Es war offensichtlich, dass ich sie verletzt hatte, da sie etwas machen wollte, aber es aufgrund ihres Zustands nicht konnte. »Wer
weiß, wie lange sie selbst niemanden mehr umarmt hat? Ich hätte es
besser wissen müssen«, tadelte ich mich selbst. Es kränkte mich, dass

ich nicht aufmerksamer gewesen war, obwohl ich das doch von mir und anderen verlangte. Ich strebte so sehr danach, mein Menschsein zu verbessern, dass mich der Perfektionismus einholte. Ich erlaubte mir keine Fehler, mochten sie auch so klein sein.

Aber ich ließ auch anderen Menschen keine Fehler durchgehen und kritisierte jedes kleine rücksichtslose Vergehen – empfand es als Kritik gegen die Menschheit. Ich lästerte über Menschen, fand sie nach einer Weile einfach schrecklich und konzentrierte mich auf ihre Fehler, weil ich mich auch auf meine so stark fokussierte. Bei jedem meiner Fehler breitete sich das Gefühl, versagt zu haben, aus, negative Gefühle überfluteten mich. So konnte es nicht weitergehen, denn dies war kein gesundes Verhalten.

Mein Perfektionismus raubte mir einerseits den Schlaf in der Nacht. Ich lag oft stundenlang im Bett, drehte mich von einer Seite zur anderen und dachte darüber nach, wie ich noch besser sein könnte. Andererseits verhinderte meine Strenge, die Fehler anderer zu tolerieren. Ich beschloss, mich einer Freundin anzuvertrauen, die mir mit einem simplen Satz klar machte, dass ich auf dem Irrweg war. Sie sagte zu mir: »Perfekt gekrümmte Bananen gibt es nicht, das ist eine Erfindung des Menschen.« Es war eine spontane philosophische Anekdote, die uns zum Lachen brachte. Doch sie enthielt eine wahre Essenz: Perfektion ist nur eine Illusion.

Adé Perfektionismus

Die Analogie zwischen Perfektionismus und Macht ist, dass beides uns von unserer Menschlichkeit wegführt. Während Macht uns in Richtung unkontrollierbarer Dominanz treibt, verführt uns der Perfektionismus dazu, nach einer unerreichbaren Idealvorstellung zu streben. Doch die Realität ist, dass Fehler zu unserem Menschsein gehören – und Perfektionismus steht dem entgegen. Wir müssen akzeptieren, dass es in dieser unvollkommenen Welt nichts Perfektes gibt: weder perfekte Momente noch perfekte Umstände, und schon gar keine perfekten Handlungen. Dennoch gibt es Dinge, die den

Anschein von Perfektion erwecken: retuschierte Werbemodels, Sportler, die den ersten Platz erobern, und natürlich die perfekt gekrümmten Bananen in den Regalen – Elemente, die uns suggerieren, dass Perfektion erreichbar ist.

Die Wahrheit ist, dass unser Streben nach Perfektion uns krank macht – es setzt uns unter Druck und ist einfach nur erschöpfend.

Letztendlich nagt es an unserem Selbstwertgefühl, weil wir nach etwas streben, das nicht existiert. Wer Perfektion anstrebt, muss täglich mit Frustrationen und dem Druck zurechtkommen, den er durch selbst auferlegte Standards erzeugt, so wie es bei mir der Fall war. Die Unzufriedenheit mit sich selbst ist die unausweichliche Folge. Je länger wir nach Perfektion streben, desto mehr Schaden richtet die immer größer werdende Unzufriedenheit in unserem Körper und unserer Psyche an. Die Perfektion ist einfach nicht Teil unserer Natur. Es besteht eine Korrelation zwischen Perfektionismus und einer Vielzahl psychischer Probleme – von Depressionen über Essstörungen und Zwangsstörungen bis hin zum chronischen Erschöpfungssyndrom. Leider führt Perfektionismus vor allem dazu, Angst davor zu haben, Fehler zu machen.[29]

Deshalb ist es wichtig, darauf zu achten, dass wir bei der Festlegung unserer Ziele nicht übertreiben und uns mit dem zufriedengeben, was gut genug ist, anstatt nach Perfektion zu streben.

Wenn wir zu viel wollen, können wir von der Last unserer Ziele erdrückt und überwältigt werden. Der entscheidende Schritt ist, anzufangen, und das geschieht mit Fehlern und Misserfolgen, aber auch mit ersten kleinen Erfolgen, die wir wertschätzen sollten. Die Angst vor dem Versagen ist es, die uns lähmt. Unsere Gedanken sind voller Ideen, die wir tun möchten, aber die Angst hindert uns daran, sie anzugehen, und wir müssen lernen, diese Angst vor Fehlern zu überwinden. Wir sollten sie als etwas Normales betrachten, mit dem wir umgehen können und sollten.

Warum sollten wir nicht von Anfang an die Unvollkommenheit in unsere Bestrebungen einbeziehen? Eins ist sicher: Nicht alles wird so, wie wir es uns vorgestellt haben. Übertriebene und starr definierte Ziele nähren den Perfektionismus.

Ich erkannte erst, dass ich in meiner eigenen Idealismusspirale gefangen war, als sich die körperlichen Symptome der Überforderung bemerkbar machten: Erschöpfung und Schlafstörungen. Um der Perfektion zu entkommen, musste ich lernen, meine Fehler zu akzeptieren und mir selbst gegenüber nachsichtig zu sein – man könnte es auch Selbstmitgefühl nennen. Ich begann, meine Gedanken an Perfektion bewusst zu entkräften und ihnen weniger Bedeutung beizumessen, wie einst meinem übermäßigen Grübeln. Schritt für Schritt akzeptierte ich meine Fehler und bemerkte dabei, wie ich auch anderen gegenüber nachsichtiger wurde.

Selbstmitgefühl

Was ich heute immer wieder mit Freude höre, sind Podcasts, in denen Dr. Kristin Neff zu Gast ist. Seit mehr als zwei Jahrzehnten ist sie eine Pionierin in der Erforschung des Selbstmitgefühls und wird nach wie vor als eine der bedeutendsten Forschungspsychologinnen weltweit angesehen.[30] Ihre alltagstauglichen Übungen, über die sie sprach, waren es, die mir halfen, einen wirklichen Zugang zum Konzept des Selbstmitgefühls zu finden. Es war faszinierend zu erfahren, wie einfache Praktiken tiefgreifende Veränderungen bewirken können.

Um ein Verständnis für etwas zu entwickeln, stehen uns zwei Wege zur Verfügung: Entweder wir informieren uns eingehend, um Wissen zu erlangen, oder wir versuchen es unmittelbar praktisch umzusetzen und gewinnen dadurch eine Erkenntnis.

Im Kontext des Selbstmitgefühls erweist sich letztere Möglichkeit als besonders aufschlussreich, da sie uns mit den persönlichen Barrieren dieses Themas konfrontiert. Ein Beispiel hierfür ist der Versuch, sich selbst über den Arm zu streicheln und dabei zu entspannen. Zwar mag es angenehm und irgendwie beruhigend sein, dennoch bleibt ein eigenartiges Unbehagen bestehen – eine innere Blockade. Im Gegensatz dazu würden wir dieses Gefühl nicht empfinden, wenn wir stattdessen Menschen, die uns nahestehen, kraulen würden.

Lass uns daher direkt zu einer Übung von Neff übergehen, um mehr über Selbstmitgefühl zu erfahren.

ÜBUNG: Sei dir selbst ein guter Freund

Nimm dir einen Augenblick Zeit und greif zu einem Blatt Papier, um ein paar Gedanken festzuhalten. Stell dir vor, ein lieber Freund oder eine liebe Freundin fühlt sich wirklich niedergeschlagen oder kämpft mit einer herausfordernden Situation. Wie würdest du in diesem Moment reagieren, wenn du all deine Fürsorge und Unterstützung geben könntest? Schreibe auf, wie du normalerweise für deine Freunde da bist und welchen positiven Ton du dabei anschlägst.

Dann reflektiere darüber, wie du mit dir selbst umgehst, wenn du dich niedergeschlagen fühlst oder dich in einer schwierigen Lage befindest. Notiere, wie du üblicherweise mit dir selbst sprichst und welche Handlungen du ergreifst, um dich zu unterstützen.

Fällt dir ein Unterschied zwischen diesen beiden Situationen auf? Wenn ja, nimm dir einen Moment Zeit, um zu verstehen, warum das so ist. Vielleicht spielen bestimmte Ängste oder Unsicherheiten eine Rolle?

Schließlich überlege dir, wie sich die Dinge ändern könnten, wenn du dich selbst genauso liebevoll behandelst wie einen engen Freund oder eine enge Freundin, wenn du durch schwierige Zeiten gehst. Vielleicht ist es an der Zeit, sich selbst mit der gleichen Freundlichkeit und Unterstützung zu begegnen, die du anderen gibst?[31]

Das Verständnis für Selbstmitgefühl wird durch diese Übung bereits deutlich. Denn es gibt keinen Unterschied zwischen dem Mitgefühl, das wir anderen entgegenbringen, und dem Mitgefühl, das wir uns zeigen sollten. Wenn wir einem Freund oder einer Freundin liebevoll und unterstützend gegenüberstehen möchten, müssen wir zuerst ihre oder seine inneren Kämpfe oder schlechten Gefühle wahrnehmen. Dann können wir Mitgefühl (nicht Mitleid) zeigen und erkennen, dass Leiden, Scheitern und Unvollkommenheit Teil der gemeinsamen menschlichen Erfahrung sind. Was uns betrifft, könnte uns dasselbe widerfahren wie jedem anderen Menschen, und ebenso könnten alle anderen Menschen mit denselben Herausforderungen konfrontiert sein wie wir. Durch unsere freundschaftliche Unterstützung reagieren wir mit Verständnis und Freundlichkeit. Es bilden sich drei Elemente heraus – Achtsamkeit, gemeinsame Menschlichkeit und Freundlichkeit –, die zu den Grundpfeilern des Selbstmitgefühls gehören:

- **Achtsamkeit**: die bewusste Wahrnehmung und Akzeptant unserer Gefühle uns unserer aktuellen Situation
- **Gemeinsame Menschlichkeit**: das Bewusstsein, dass wir mit unserem Leid nicht allein sind und dass es zur menschlichen Erfahrung gehört
- **Freundlichkeit**: die Fähigkeit, sich selbst als bedingungslosen, inneren Verbündeten zu sehen und sich liebevoll zu unterstützen[32]

Statt deinen Schmerz zu ignorieren oder dir einzureden, dass es nicht so schlimm ist und du einfach durchhalten musst, oder dich von negativen Gedanken überwältigen zu lassen, nimmst du dir einen Moment, um in dich zu gehen und dich zu fragen, was du gerade wirklich brauchst und wie du jetzt am besten für dich selbst sorgen kannst. Anstatt dich selbst zu kritisieren und dich mit anderen zu vergleichen, übst du Freundlichkeit und Verständnis dir selbst gegenüber. Schließlich ist niemand vollkommen. Anstatt gegen die

Realität anzukämpfen, sollten wir sie wieder einmal anerkennen und mit ihr gemeinsam arbeiten. Auf diese Weise können wir mehr Mitgefühl für uns selbst entwickeln.

Im Übrigen beinhaltet auch die im vorherigen Kapitel vorgestellte Metta-Meditaion in ihrem Anfangsteil eine Auseinandersetzung mit dem Selbstmitgefühl.

Diese Praktiken scheinen einfach und unkompliziert zu sein, aber irgendwie fühlten sie sich zu Beginn für mich nicht richtig an, wie bei dem Versuch, meinen Arm zu streicheln. Zumindest war das meine Erfahrung, und deshalb möchte ich sie mit dir teilen. Ich musste mich regelrecht zwingen, sie durchzuführen. Seltsam, nicht wahr? Mit Mitgefühl für andere hatte ich weniger Schwierigkeiten.

Ich zwang mich immer wieder dazu, auch andere Übungen zu machen, wie den Klassiker: sich im Spiegel sagen, dass man immer für sich selbst da ist. Vielleicht meldete sich mein Perfektionismus wieder, der mir einflüsterte, dass ich streng zu mir selbst sein müsste, um meine mentale Stärke nicht zu schwächen, und dass ich deshalb nicht zu nachsichtig mit mir sein sollte. Oder war es die Angst, dass ich egoistisch werden könnte?

Nach einer Weile stellte sich heraus, dass beide Sorgen unbegründet waren. Meine mentale Stärke wurde nicht geringer und ich wurde auch nicht egoistischer. Es war ganz anders, als meine Bedenken mir suggerierten. Durch verstärkte Selbstfürsorge schaffen wir Raum für unser eigenes Wachstum und werden zu unserem eigenen Verbündeten. Auch unsere mentale Stärke wächst dadurch. Denn was stärkt uns im Kampf mehr – ein Verbündeter, der uns unterstützt, oder ein Feind, der uns niederringen möchte?

Unterstützung verleiht uns Stärke und ermutigt uns, Herausforderungen anzunehmen.

Und dann gibt es noch das Missverständnis bezüglich Egoismus, das ausgeräumt werden sollte. Je mehr Mitgefühl wir uns selbst entgegenbringen, desto mehr Ressourcen stehen uns zur Verfügung, um anderen zu helfen. Viele Studienteilnehmer zeigen, dass selbstmitfühlende Menschen in Beziehungen großzügiger und unterstützender sind. Sie sind besser in der Lage, sich sowohl beruflich als auch familiär um andere zu kümmern, ohne sich dabei mental erschöpft zu fühlen.[33]

Wenn wir Selbstmitgefühl praktizieren, sind wir mit uns zufriedener, was sich wiederum stark darauf auswirkt, wie wir die Welt und unsere Mitmenschen wahrnehmen. Wir betrachten sie in einer positiveren, urteilsfreieren und vor allem nachsichtigeren Perspektive.[34]

Menschen, die selbstmitfühlender sind, neigen **eher** dazu ...

- sich glücklich, optimistisch und zufrieden mit ihrem Leben zu fühlen.
- ein stabiles und bedingungsloses Selbstwertgefühl zu haben.
- höhere Ebenen emotionaler Intelligenz zu zeigen.
- stark und widerstandsfähig zu sein, wenn sie mit Schwierigkeiten konfrontiert werden.
- gesunde Grenzen zu setzen und Nein sagen zu können.
- sich authentisch und verbunden zu fühlen und Intimität in Beziehungen mit anderen zu erleben.

Menschen die selbstmitfühlender sind, neigen **weniger** dazu ...

- intensive Scham und Selbsthass zu erleben.
- ihr Selbstwertgefühl auf soziale Zustimmung, wahrgenommene Attraktivität oder Erfolg zu gründen.
- sich einsam und isoliert zu fühlen.
- alles immer aufzuschieben oder aufzugeben, nachdem sie bei wichtigen Aufgaben gescheitert sind.
- durch ihre Arbeit als Betreuer oder Fachleute ausgebrannt und erschöpft zu werden.

Warum wir auch mal wütend sein müssen

Immer wieder bemerke ich die Überraschung in den Gesichtern, wenn Menschen mich verärgert oder wütend erleben. Es scheint, als passe dieses Bild nicht in ihre gewohnte Vorstellung einer Person, die nach mehr Menschlichkeit aufruft. Dann höre ich Sätze wie »Ich hätte nicht gedacht, dass du so reagieren würdest« oder »Du wirkst immer so gelassen und friedlich«. Diese unerwarteten Momente führen dazu, dass man etwas zu lachen hat. Natürlich ärgere auch ich mich über jemanden, der mir die Vorfahrt nimmt und wir beinahe einen Unfall bauen oder über die Person, die sich in der Supermarktschlange vordrängelt, obwohl ich selbst spät dran bin. Unsere Mitmenschen machen es uns nicht immer leicht, gelassen zu bleiben. Doch Wut schließt die Nachsicht nicht unbedingt aus.

In unserer Gesellschaft gilt Wut oft als wild und primitiv, das Gegenteil von dem, was als erstrebenswert angesehen wird: Ruhe, Gelassenheit, Kontrolle. Wir sollten jedoch einen anderen Blick auf Wut werfen, denn sie ist nicht nur Zorn und Aufruhr, sondern auch eine wichtige Botschaft an uns selbst.

Wut kann uns zeigen, wann unsere Grenzen überschritten werden, und ist ein Weckruf für Gerechtigkeit, sowohl für uns als auch für andere. Diese Grenzen bilden gleichzeitig die Grenzen der Nachsicht.

Wut ist eine Energie, die antreibt, sich für das einzusetzen, was uns wichtig ist. Wenn wir lernen, diese Energie richtig zu nutzen, kann sie zu positiven Veränderungen inspirieren. Sie gibt uns die nötige Kraft, uns durchzusetzen, Probleme anzugehen und aktiv zu werden.

Sie kann auch eine gesellschaftliche Kraft sein, die Menschen zusammenbringt, sei es bei Protesten für soziale Gerechtigkeit oder bei einem leidenschaftlichen Fußballspiel. Sie zeigt, dass uns etwas am Herzen liegt.

Wichtig ist jedoch, dass wir lernen, unsere Wut auf konstruktive Weise auszudrücken. Wir sollten sie nicht unterdrücken oder verdrängen, aber auch nicht zulassen, dass sie uns beherrscht. Letztendlich ist Wut ein Teil von uns, eine Emotion, die wir akzeptieren und verstehen müssen, genauso wie Freude und Trauer. Wenn wir für uns selbst sorgen wollen und uns wie gute Freunde behandeln möchten, dann müssen wir die Emotion ernst nehmen und ihr aufmerksam zuhören, was sie zu sagen hat. Manchmal sagt unser Ärger simpel, dass wir Hunger haben und etwas essen sollten. Deshalb solltest du immer ein Snickers dabeihaben.

Säule 3: Humor

Ein Straßenkünstler braucht keine Worte, um Menschen aus verschiedenen Teilen der Welt zum Lachen zu bringen. Sie sind oft an touristischen Orten wie dem Pariser Eiffelturm oder dem New Yorker Times Square zu finden, wo ihre universelle Sprache des Humors sprachliche Barrieren und kulturelle Unterschiede der Touristen überwindet. So verbindet Humor Menschen auf der ganzen Welt und eröffnet Möglichkeiten für gemeinsame Freude und Verständnis, ganz ohne Worte.

Genau das ist es, was menschliche Eigenschaften ausmachen: Sie zeigen sich darin, dass wir instinktiv Handlungen verstehen, die kulturelle Grenzen überwinden und den gemeinsamen Faden zwischen den Menschen erkennen lassen.

Denn hast du schon bemerkt, dass wir viel öfter lachen und Scherze machen, wenn wir von Menschen umgeben sind, als wenn wir allein sind? Allein geschieht das oft erst, wenn wir eine humorvolle Fernsehsendung schauen oder an einen lustigen Moment denken. Dabei fühlen wir uns weniger einsam, weil wir es nicht sind. Wir verbringen die Zeit gerade mit den Menschen im Fernsehen oder denen in unseren Gedanken.[35] Humor hat also etwas grundlegend Zwischenmenschliches.

Der wahre Kern von Humor

Mitten im geschäftlichen Treiben der Stadt zog ein strahlendes Gesicht meine Aufmerksamkeit auf sich. Es war das eines Jongleurs, der sich von der grauen Masse der eilenden Fußgänger abhob. Während die Autos an der roten Ampel warteten, jonglierte er mit seinen Bällen vor ihnen, fesselte die Blicke der Autofahrer und sammelte einige Münzen in seinen Hut ein, bevor das Grün aufleuchtete.

Ich ging zu ihm rüber, stellte mich vor und fragte, wieso er Straßenkünstler geworden sei. Mit einem sympathischen Lächeln antwortete er: »Schau dir einfach die Gesichter der Autofahrer vor und nach meiner Show an.«

Als die Ampel erneut auf Rot schaltete, nahm er seine Position ein und rief mir zu: »Sieh genau hin!« Die müden Gesichter der Pendler verwandelten sich in strahlendes Lächeln. Alex, wie er sich mir vorstellte, hatte ihren Tag verschönert und strahlte nun selbst noch mehr, als er auf mich zukam. Es war etwas Besonderes an ihm, eine tiefe innere Positivität, die ich so selten erlebt hatte. Ich beschloss, ihm eine Freude zu bereiten, so wie er es anderen Menschen Tag für Tag schenkt, und ihn gleichzeitig näher kennenzulernen.

An der Stelle, wo wir ins Gespräch gekommen waren, hing ein Plakat eines Eishockeyvereins, der Kölner Haie, das über ein bevorstehendes Spiel und den Ticketverkauf informierte. Es schien wie ein Hinweis darauf, womit ich ihn überraschen könnte. Ich verabschiedete mich von ihm und fragte, ob er in den nächsten Tagen wieder an derselben Ecke zu finden sei. Mit einem breiten Grinsen nickte er und versicherte mir, dass er dort sein würde.

Ob er wohl Eishockey mochte? Mit dieser Ungewissheit im Kopf kaufte ich zwei Tickets, eins für ihn und eins für mich. Dazu zwei Schals der Kölner Haie und packte alles in eine Box, auf die ich ein großes Fragezeichen malte. Alex schien mir ein spielerischer und humorvoller Mensch zu sein, und genau so wollte ich unsere zweite Begegnung gestalten.

Am Tag des Spiels kehrte ich voller Vorfreude zu der Stelle zurück, an der ich Alex beim Jonglieren gesehen hatte. Doch er war nicht da. Enttäuscht überlegte ich, wen ich stattdessen mitnehmen könnte, als ich ihn ein paar Straßen weiter entdeckte. Er war gerade dabei, seine Kunststücke zu präsentieren. »Entschuldigung, hättest du vielleicht zwei Euro für mich, damit ich mir etwas zu essen kaufen kann?«, sprach ich ihn von der Seite an.

Er erkannte mich sofort, ging zu seinem Fahrrad, das an einer Laterne lehnte, und holte zehn Euro heraus. »Zehn Euro?«, fragte ich verblüfft. Dieser Mann hatte mich lediglich einmal gesehen und ich war ihm noch immer ein Fremder. Natürlich nahm ich das Geld nicht an, sondern reichte ihm stattdessen die Box mit dem Fragezeichen.

Überrascht öffnete er sie und zog einen Schal heraus. »Oh, Eishockey«, sagte er, als er den Verein erkannte. Er war Straßenkünstler in Köln und kannte die Mannschaft offensichtlich gut. Im Gespräch erfuhr ich, dass er als Kind und Jugendlicher in Lettland selbst Eishockey gespielt hatte, weshalb seine Augen vor Freude strahlten, als ihm klar wurde, dass er heute mit mir zum Spiel gehen würde. Das Plakat war also wirklich ein Zeichen gewesen.

An diesem Tag wollte ich Alex einfach nur eine Freude bereiten und mehr über ihn erfahren. Doch ich bekam viel mehr: eine neue Erkenntnis über den wahren Kern des Humors.

Während unserer gemeinsamen Zeit fiel mir auf, dass er die Fähigkeit besaß, mehr Dinge am und im Stadion auf eine humorvolle Weise wahrzunehmen, als ich es tat. Situationen, die ich vielleicht gar nicht wahrgenommen oder als normal empfunden hätte, entlockten ihm ein Schmunzeln oder gar ein herzhaftes Lachen.

Ob es die »kürzeste« Schlange am Eingang war, die sich als die längste entpuppte, der Mann, der vergeblich versuchte, eine Tür mit »Ziehen« zu drücken, die rote Senfflasche am Imbissstand, die er für Ketchup hielt, oder die Taube über uns an der Bushaltestelle, die mich offenbar im Visier hatte.

Seine humorvolle Art, die Welt zu sehen, machte unsere gemeinsame Zeit zu einem noch schöneren Erlebnis. Es war ansteckend, wie er die Freude an den kleinen Momenten fand und diese mit mir teilte.

Für Alex war Humor mehr als nur Witze zu erzählen oder andere zum Lachen zu bringen. Meine gewonnene Erkenntnis:

Humor ist eine spielerische Art der Interaktion, für die man offen sein muss. Es geht darum, die Absurdität des Lebens zu erkennen und sie zu nutzen, um Momente der Freude und des Lachens zu schaffen — eine Bereicherung für uns selbst und unsere Mitmenschen.

Mit dieser Einstellung begegnet man dem Alltag mit mehr Leichtigkeit und Gelassenheit. Man handelt und redet aus Freude am Moment, auch am absurden Moment. Genau diese Einstellung war es, die Alex' Gesicht aus der Menge hervorhob. Inmitten gestresster, in Gedanken versunkener Menschen, die nur ihre To-do-Listen im Kopf hatten, strahlte er mit einem freundlichen Lächeln. Er sah den Humor im Alltag, den die anderen übersehen hatten, und ich sah ein neues Puzzlestück der Menschlichkeit.

Humor im seriösen Umfeld

Humor als Bestandteil des Menschseins sollte überall Raum finden. Jedoch scheint in der heutigen Arbeitswelt, die von Effizienz und Leistungsdruck geprägt ist, Humor oft keinen Platz zu haben. Vielmehr wird er als überflüssig und manchmal sogar als störend empfunden. Doch in Wahrheit ist er weit mehr als nur eine kleine Auflockerung oder eine kurze Ablenkung. Obwohl diese Ansicht weit verbreitet ist, lassen sich drei Vorteile erkennen, die Humor auf der Arbeit unverzichtbar machen:

Vertrauensbildung: Humor fördert die Ausschüttung des Hormons Oxytocin, das emotionale Bindungen festigt und zu einem schnelleren Vertrauensaufbau zwischen Kollegen führt – der Grund, warum humorvolle Menschen bevorzugt für Führungspositionen gewählt werden. In Zeiten, in denen viele Menschen mehr Vertrauen in Fremde als in ihre Vorgesetzten setzen, ist Humor ein wichtiges Werkzeug, um Zusammenhalt und Verbundenheit zu stärken.

Effektivere Kommunikation: Mit Humor lassen sich komplexe Sachverhalte leichter vermitteln und Botschaften bleiben nachhaltiger im Gedächtnis. Bei Präsentationen und Meetings kann Humor helfen, das Publikum zu fesseln und die eigene Botschaft überzeugender zu vermitteln. Zusätzlich aktiviert Lachen das menschliche Belohnungssystem im Gehirn, was die Konzentration der Zuhörer steigert.

Gesteigerte Produktivität: In einer positiven Arbeitsatmosphäre, die durch Humor gefördert wird, arbeiten Menschen motivierter und dadurch effizienter. Sie empfinden eine größere Freiheit, ihre Gedanken und Meinungen zu äußern, was wiederum den Platz für Kreativität erweitert und die Entstehung neuer Ideenprozesse vorantreibt. Die Annahme, dass Humor die Glaubwürdigkeit mindern würde, ist somit lediglich ein hartnäckiger Mythos, der sein wahres Potenzial unterschätzt.[36]

Lachen oder weinen

Kommen wir nun dazu, was Humor noch alles bewirken kann. Eine Krankenschwester brachte die Kraft des Humors eindrucksvoll auf den Punkt: »Wenn wir keinen Humor einsetzen würden, würden wir weinen.«[37]

Diese Worte wurden während einer Untersuchung über den Einsatz von Humor zur Bewältigung der emotionalen Herausforderungen in Krankenhäusern geäußert. Tatsächlich hat sich Humor als eine äußerst effektive Methode erwiesen, um mit stressigen und belastenden Situationen umzugehen und gleichzeitig die persönliche Gesundheit zu fördern. Studien haben gezeigt, dass ein humorvolles Krankenhauspersonal die Genesung der Patienten beschleunigen kann, indem es seine positive Stimmung auf sie überträgt. Dies trägt zur Reduktion von Stresshormonen wie Adrenalin, Cortisol, Dopamin und Wachstumshormonen sowohl bei den Patienten als auch bei den Fachkräften bei. Außerdem wirkt sich Humor positiv auf das Schmerzempfinden aus.[38]

Das bedeutet, dass auch im privaten Bereich der Einsatz von Humor die eigene Genesung unterstützen kann. Selbst bei unheilbaren Krankheiten gibt es eine bemerkenswerte Verbindung zwischen Humor und der Lebensqualität von Patienten mit Krebs. Obwohl Humor und Lachen die Krankheit nicht heilen können, bieten sie eine sichere Möglichkeit, Furcht, Angst und Unruhe zu lindern und das allgemeine Wohlbefinden zu verbessern.[39]

Aber damit ist die Liste noch nicht abgeschlossen. Abgesehen von der Förderung zwischenmenschlicher Beziehungen, sei es im genannten beruflichen Kontext oder auch gleichsam im privaten Leben, kann Humor dazu beitragen, innere Spannungen und Unruhen zu lösen. Das wirkt sich äußerst positiv auf unseren Körper aus: Es senkt den Blutdruck, reduziert somit das Risiko von Herzinfarkten, stärkt das Immunsystem, indem es die Produktion von Antikörpern zur Abwehr von Infektionen steigert, und bewirkt eine Entspannung der Muskulatur. Zudem führt die tiefe Atmung während des Lachens zu einer gründlichen Reinigung der Lungen.[40]

Verschiedene Arten von Humor

Achtung! Es gilt zu beachten, dass Humor nicht immer eine gesundheitsfördernde Wirkung haben muss, da nicht alle Formen von Humor gleich sind. Verschiedene Arten von Humor können unterschiedliche Auswirkungen auf uns und unsere Mitmenschen haben. Einige davon können sogar eher schädlich als heilsam sein. Hier sind vier Humorarten im Überblick:[41]

Verbindender Humor: Dieser Humor ist wohlwollend und bezieht sich auf andere Personen. Dazu gehören harmlose Witze, Übertreibungen, Ironie und Doppeldeutigkeiten.

Beispiele:

- Übertreibung: »Du hast so viel gegessen, dass du jetzt bestimmt platzt.«
- Ironie: »Du freust dich doch bestimmt total auf den Stau im Berufsverkehr.«
- Doppeldeutigkeit: Der Busfahrer zu den Fahrgästen: »Alle, die heute eine frische Unterhose tragen, bitte nach hinten durchgehen.«

Selbststärkender Humor: Dieser Humor zeigt sich ebenso wohlwollend, jedoch richtet er sich auf unsere eigene Person. Er unterstützt unser Selbstverständnis und fördert eine optimistische Lebenseinstellung.

Beispiele:

- Selbstironie: »Ich bin so unkoordiniert, dass ich beim Stolpern über meine eigenen Füße fast einen Weltrekord aufgestellt hätte.«
- Humorvolle Anekdoten: »Letztens bin ich beim Joggen versehentlich in einen Graben gefallen. Zum Glück konnte ich darüber lachen!«
- Positives Framing: »Ich bin zwar nicht der beste Koch, aber dafür schmecken meine Gerichte immer besonders kreativ.«

Aggressiver Humor: Das ist ein schädlicher Humor, der darauf abzielt, zu verletzen. Sein Zweck besteht darin, das eigene Selbstwertgefühl auf Kosten anderer zu erhöhen, sei es durch Bloßstellung oder Beleidigung.

Beispiele:

- Sarkasmus: »Deine Kompetenz ist wirklich beeindruckend. Ich nehme an, ›durchschnittlich‹ war das Ziel, oder?"
- Zynismus: »Na klar, du hilfst mir natürlich wieder nicht. Von dir konnte ich ja auch nichts anderes erwarten.«
- Spott: »Du hast ja wirklich keine Ahnung von Fußball! Wie konntest du denn nur so ein Eigentor schießen?«

Selbstzerstörerischer Humor: Dieser Humor ist ebenfalls schädlich und bezieht sich auf unsere eigene Person. Sein Ziel ist es, Aufmerksamkeit oder Zugehörigkeit zu gewinnen, indem man sich selbst lächerlich macht oder herabsetzt.

Beispiele:

- Selbstironie (negativ): »Ich bin so dumm, dass ich nicht mal weiß, wie man die Schuhe richtig anzieht.«
- Übertriebene Selbstkritik: »Wenn ich ein Restaurant führen würde, wären die Gäste wahrscheinlich tot.«
- Humor zur Abwehr von Scham: »Ich bin so ungeschickt, dass ich mich beim Tanzen wie ein Pinguin auf der Eisbahn fühle.«

Es ist wichtig, bewusst darauf zu achten, welche Art von Humor wir verwenden, um respektvoll miteinander umzugehen und Verletzungen zu vermeiden. Humor sollte uns zum Lachen bringen und verbinden, nicht spalten und verletzen.

Sechs Tipps für mehr Humor in deinem Leben

In jedem von uns steckt bereits eine Portion Humor. Doch wir müssen lernen, diese Eigenschaft im täglichen Leben mehr zu entfalten, sie bewusster zu erleben und großzügiger mit unserem Lächeln und herzhaftem Lachen umzugehen. Diese Anregungen können dir dabei helfen:

1. Beobachte Kleinkinder, um zu lernen, wie man Freude an den einfachsten Dingen des Lebens findet.
2. Entspanne dich bei einer Runde Stand-up-Comedy. Ob Zuschauen oder Zuhören, zahlreiche Comedians haben ihre Shows aufgezeichnet und für die Öffentlichkeit zugänglich gemacht.
3. Umgebe dich öfter mit Menschen, die einen Sinn für Humor haben. Ihre Gesellschaft kann uns auf subtile Weise dazu anregen, selbst humorvoller zu werden, da wir uns sozial anpassen.
4. Lass dir nicht von anderen diktieren, was du lustig finden sollst. Egal ob schwarzer Humor oder skurrile Witze, solange du niemanden beleidigst, ist alles erlaubt.
5. Tauche in humorvolle Bücher ein. Die Welt ist voller Literatur, die dir ein Schmunzeln entlocken kann.
6. Fürchte dich nicht davor, dein inneres Kind zu umarmen. Viele Erwachsene fühlen sich dazu gezwungen, ständig »ernsthaft« zu sein. Aber warum nicht nach Jahren noch mal in die Pfütze springen oder mit Fingerfarben ein Bild malen?[42]

Säule 4: Neugier

Was passiert eigentlich, wenn ich diesen Knopf drücke? Und was, wenn ich diese zwei Farben mische? Was geschieht, wenn ich durch den Strohhalm puste? Und was, wenn ich meinen Teller drehe, während das Essen draufliegt? Was passiert, wenn ich mein Kuscheltier in die Waschmaschine stecke? Und was, wenn ich mich mit dem neuen Kind aus der Klasse anfreunde?

Als Kind stellten wir durchschnittlich zwanzig Fragen pro Tag. Heute, im Erwachsenenalter, sind es nur noch etwa sechs Fragen täglich.

Und dazu zählen bereits Fragen wie »Warum parkt dieses Auto auf zwei Plätzen?« oder »Was esse ich heute zum Mittag?«.[43]

Neugier begleitet uns seit unseren frühesten Tagen auf dieser Welt und war schon immer der größte Antrieb für die Entwicklung der Menschheit. Sie hat uns von Höhlenmalereien zu Weltraummissionen geführt; sogar ein Mars-Roboter wurde nach ihr benannt: »Curiosity« – Neugier. Wo wären wir jetzt, wenn wir unsere kindliche Neugier niemals verlieren würden?

Komfortzone und Akzeptanz

Unsere Neugier geht nicht wirklich verloren; vielmehr trainieren wir sie uns durch unsere Routinen förmlich ab. Neuheiten werden mit der Zeit vertraut und vorhersehbar, sodass wir gleichgültig werden und gedankenlos auf Autopilot schalten.

Im Supermarkt greifen wir reflexartig zu den immer gleichen Produkten, anstatt die Vielfalt zu entdecken, die sich in den Regalen verbirgt. Selbst wenn ein neues, vielleicht sogar besseres Produkt lockt, ohne großes Schild und blinkende Werbung, tendieren wir doch immer zum Altbekannten, weil es bequem und sicher erscheint. Wenn etwas zur Routine wird, schaltet unsere Aufmerksamkeit ab.

In dieser Komfortzone bewerten wir die Welt unterbewusst als bereits bekannt. Wir leben in unserer Blase, in der es nichts Neues zu geben scheint. Und die Neugier? Sie schwindet, sobald wir glauben, alles in unserer kleinen Welt, die wir als die große Welt betrachten, verstanden zu haben.

Anders als Kinder, die ihre Welt erst kategorisieren und lernen müssen, dass Fanta süß ist, Kuscheltiere in der Waschmaschine überleben und niemand tausend Melonen kauft, obwohl Matheaufgaben etwas anderes behaupten, nehmen wir als Erwachsene an, die Funktionsweise der Welt durchschaut zu haben. Fragen stellen wir daher später kaum mehr.

Damit schränken wir uns jedoch selbst ein und verpassen Chancen auf Wachstum und neue Erfahrungen. Wir vergessen, dass Neuheit immer im Hier und Jetzt existiert. Sowohl im Unbekannten als auch im scheinbaren Bekannten gibt es stets etwas zu lernen. Zwei

Umarmungen können sich völlig unterschiedlich anfühlen, in jeder Pizzeria schmeckt die Pizza anders und selbst wenn man sich »Die Eiskönigin« zum vierten Mal anschaut, entdeckt man mit offenen Augen etwas Neues.[44]

Neugier bedeutet, im gegenwärtigen Moment die Neuheiten zu erkennen und die Freude an der Erweiterung unseres Horizonts zu ergreifen, die sie uns bieten.

Obwohl die Idee der Horizonterweiterung logisch klingt, ziehen wir es trotzdem vor, in unserer Komfortzone zu bleiben. Das ist durchaus verständlich, denn sie erfüllt unser tiefstes Bedürfnis nach Sicherheit. Der Körper ist darauf ausgelegt, unser Überleben zu sichern, aber auch Neues zu entdecken. Treten wir Neuland an, vermischen sich in uns zwei Gefühle – die Angst, da wir unsere Sicherheit hinterlassen, und die Neugier, durch die Möglichkeit einen verborgenen Schatz zu finden.

In uns tobt ein ständiger Kampf – der ängstliche Geist gegen den neugierigen Geist. Das Angstsystem bereitet sich auf Kampf oder Flucht vor. Vermeiden wir die Situation, indem wir in unserer Komfortzone bleiben, gehen wir ohne Blessuren davon.[45]

Selbst im Kleinen erleben wir diesen Konflikt: Wenn wir uns doch dazu entschließen, ein neues Produkt auszuprobieren, zögern wir oft vor dem Regal. »Was, wenn es uns nicht gefällt?«, fragen wir uns und würden eigentlich lieber zum Vertrauten greifen. Doch gleichzeitig lockt uns die Neugier: »Gibt es vielleicht etwas Besseres dort draußen?« Seien wir ehrlich, wir mögen es nicht, lange zu grübeln, sondern bevorzugen eine schnelle Gewissheit, welche uns dazu verführt, die Suche nach dem Neuen frühzeitig abzubrechen und in Stereotypen zu verharren – das alte Produkt ist sowieso besser. Wir nehmen Überzeugungen an, auch wenn sie falsch sein mögen. Das ist der große Unterschied zwischen der Komfortzone und der Neugier: Bei der Neugier geht es ums Entdecken; in der Komfortzone geht es darum, recht zu haben. Recht, dass das Altbewährte doch besser ist. So verpassen wir aber den Ausstieg aus der Komfortzone, den Moment, der uns wachsen lässt.

Bei der Einschränkung unserer Neugier spielen zwei weitere Faktoren eine Rolle: die Sozialisation und leider oft auch das Elternhaus. Der Wunsch, dazuzugehören und nicht aufzufallen, prägt unser Verhalten in der Gesellschaft. Wir vermeiden es, Fragen zu stellen, um nicht als unwissend dazustehen und uns angreifbar zu machen. Unser Wunsch, kompetent zu erscheinen und von anderen akzeptiert zu werden, führt dazu, dass wir uns zurückhalten.

Und bereits im Elternhaus konnte unsere Neugierde gedämpft werden. Wenn Erwachsene unsere Fragen als lästig oder albern abgetan haben oder sie unbeantwortet blieben, lernten wir schnell, unsere Wissbegierde zu zügeln. Wir lernten, lieber weniger Fragen zu stellen, um uns in unserem sozialen Umfeld, vor allem innerhalb der Familie, akzeptierter zu fühlen.

Aber: Die Neugier bleibt unser Leben lang in uns, auch wenn sie manchmal im Verborgenen wirkt.

Jeder Mensch hat eine eigene Vorstellung von ihr, weshalb sie keiner Definition bedarf – so tief ist sie in uns eingeprägt. Vermutlich war sie die erste Eigenschaft, die uns als Menschen auszeichnete, und sie legte den Grundstein für unsere gesamte Entwicklung. Sie verlieh uns die Kraft, die Welt zu erkunden, und stellte einen Ausgleich zur Angst dar. Mit jeder Frage, die wir uns stellten, erweiterten wir unseren Horizont, mehr als jedes andere Lebewesen zuvor: Warum sollte ich mich in andere hineinversetzen? Wie gehe ich mit eigenen Fehlern um? Sollte ich das Leben öfter mit Leichtigkeit betrachten? Sie alle sind Zeugnisse unserer Neugier.

Menschsein 2.0

Ich bin überzeugt, dass es die Aufgabe jeder Generation ist, die Menschlichkeit voranzutreiben. Dadurch könnten viele Probleme unserer Gesellschaft gelöst werden: Ungleichheit und Armut, Umweltzerstörung, politische Polarisierung, Menschenrechtsverletzungen, fehlende soziale Gerechtigkeit, Ungleichstellung, Identitätskonflikte, Hass und Hetze, Machtkämpfe und Landansprüche.

Das Ziel jeder Generation sollte darin bestehen, das Menschsein kontinuierlich weiterzuentwickeln und diesen Fortschritt an die kommenden Generationen weiterzugeben.

Jede Generation hat die Chance, an ihrer eigenen Menschlichkeit zu arbeiten und ihre Errungenschaften an die nächste Generation weiterzureichen. Durch diese stetige Weiterentwicklung könnten wir uns von der Menschheit 1.0 über die Versionen 1.2 und 1.4 hin zu einer zukünftigen Menschheit 2.0 bewegen – vom gegenwärtigen Zustand hin zu einer verbesserten Zukunft. Dies ist kein neuer Gedanke, sondern erschließt sich aus der Betrachtung unserer Geschichte.

Die Geschichte zeigt, dass Fortschritt im Menschsein immer dann passiert, wenn Menschen sich neugierig fragen: »Was wäre, wenn …?« In der Frühzeit der Menschheit war es üblich, Vergeltung zu üben: Wenn jemand ein Schaf stahl, stahl man zwei zurück. Heutzutage wissen wir, dass solche Handlungen den Konflikt nur verschärfen. Damals galt es jedoch als fair, das, was einem genommen wurde, und zusätzlich eine Wiedergutmachung zurückzuholen.

Dann kam jemand auf die revolutionäre Idee: »Was wäre, wenn ich mir nur das Gleiche zurücknähme?« Das Konzept von »Auge um Auge, Zahn um Zahn« entstand. Dies war zuerst undenkbar und wurde wahrscheinlich als verrückt abgetan. Doch es setzte sich durch, weil Menschen erkannten, dass Vergeltung keine Lösung ist.

Später fragte jemand: »Was wäre, wenn ich einfach verzeihen würde?« Auch dieser Gedanke wurde zunächst als verrückt angesehen, hat aber seinen Weg in die Gesellschaft gefunden, wie man an der Strafmündigkeit von Kindern sieht. Kinder und Jugendliche sind erst ab einer bestimmten Altersgrenze strafbar. Man verzeiht ihnen oder lässt sie ein paar Sozialstunden ableisten, was im Vergleich zu ihrer Tat manchmal sogar als geringfügig erscheint.

Ein weiteres Beispiel ist Martin Luther Kings Rede »I have a dream«. Er stellte indirekt die Frage: »Was wäre, wenn schwarze und weiße Kinder miteinander spielen dürften?« und wurde von vielen Unterdrückern als verrückt erklärt. Dies zeigt, wie mangelnde Neugier der Nährboden für Stereotypen, Diskriminierung, Hass und Gewalt sein kann. Menschen, die nicht neugierig sind, bleiben in alten Denkmustern gefangen und können nicht von neuen Erfahrungen profitieren, was zu Missverständnissen und dem Gefühl führt, im Recht zu sein.[46]

Auch andere Errungenschaften wurden von früheren Generationen erkämpft: Die Sklaverei wurde in vielen Ländern abgeschafft, die Demokratie entstand nicht über Nacht, Kinderrechte wurden gestärkt und die Todesstrafe wird kritisch hinterfragt. Natürlich gibt es noch viel zu tun, aber genau dafür sind wir da. Anstatt uns von der Couch aus zu beklagen, können wir handeln und uns von der Neugier leiten lassen.

Immer wieder hinterfragt jemand den Status quo. Neugier ist nicht umsonst, und das möchte ich noch mal erwähnen, der stärkste Antrieb der Menschheit. Wir suchen ständig nach neuen Antworten, besonders in unserer aktuellen volatilen, ungewissen, komplexen und mehrdeutigen Welt. In der Neugier finden wir sie – durch die gezielte Suche oder durch Serendipität. Seren… was? Sie beschreibt den Moment, wenn man unerwartet auf eine Lösung für ein Problem stößt, nach der man nicht gesucht hat.

Neugier muss nicht immer eine aufregende Entdeckungstour sein. Es kann auch die einfache Frage sein: Was ist mein persönliches »Was wäre, wenn?«. Und warum es denn nicht ausprobieren und sehen, was passiert? Vielleicht führt es zu unserem persönlichen Moment der Serendipität. In jedem Fall führt sie uns unweigerlich zum Wachstum.

Was wäre, wenn …

Einer meiner »Was wäre, wenn?«-Momente fand seine Wurzeln in einem Busgespräch, das ich durch die Lautstärke der zwei älteren Damen hinter mir unweigerlich mithörte, wie der Rest des Busses auch. Glücklicherweise war das Gespräch interessant: Sie debattierten leidenschaftlich über die immense Lebensmittelverschwendung, insbesondere die Mengen an Backwaren, die täglich von Bäckereien weggeworfen werden. Eine der Damen erzählte, dass ihre Enkelin, die eine Ausbildung zur Bäckereifachverkäuferin macht, berichtet habe, wie am Abend riesige Berge an Brötchen und Gebäck weggeworfen werden müssten und die Mitarbeiter aus hygienerechtlichen Gründen nichts davon mitnehmen dürften. Alles lande am Ende des Tages im Müll.

Das Gespräch der Damen wanderte von der Verschwendung in den Bäckereien zu der in Supermärkten und schließlich in den privaten Haushalten, bis sie bei der altbekannten Theorie landeten, dass früher alles besser war.

Die Buskonferenz regte mich an, die Realität etwas genauer zu betrachten. Die Bäckereien müssen sich zwar an strenge Vorschriften halten, könnten aber weniger produzieren, um am Ende des Tages weniger wegzuschmeißen. Andererseits ist der Tagesrhythmus der Menschen mittlerweile so unterschiedlich, dass sie zu unterschiedlichen Zeiten zum Bäcker gehen – morgens, nachmittags und auch abends. Die Bäckereien müssen sich der Veränderung anpassen, um ihre Existenz zu sichern, und produzieren deswegen meist zu viel Ware. Die Mitarbeiter dürfen die Backwaren nicht mitnehmen, genauso, wie sie aus dem gleichen Grund nicht an andere verschenkt werden dürfen.

Aber was wäre, wenn ein Kunde kurz vor Ladenschluss alles kaufen würde, was sonst weggeschmissen werden würde? Dieser Kunde wollte ich sein.

Eines kühlen Herbstabends fuhr ich zu einer mir noch unbekannten Bäckerei. Das Herz klopfte mal wieder intensiv, während ich in der Spiegelung der Bäckereitür die leuchtenden Straßenlaternen und mich sah. Mein ängstlicher Geist diskutierte innerlich mit meinem neugierigen Geist. Als ich die Tür öffnete, wollte mich die Komfortzone zurückholen. Ich machte die ersten Schritte rein und eine junge Verkäuferin begrüßte mich freundlich und fragte, was ich haben wolle. »Ich möchte alles kaufen, was Sie gleich wegschmeißen würden«, sagte ich ihr. Sie schaute erstaunt und wiederholte ungläubig: »Alles kaufen?« »Ja, alles«, bestätigte ich mit einem nervösen Lachen. Mit wachsendem Staunen begann sie, zuerst die süßen Backwaren einzupacken und dann die herzhaften. »Packen Sie bitte alles in so viele Tüten wie möglich. Ich möchte es den Obdachlosen geben«, erklärte ich. Sie zeigte auf die belegten Brötchen und Quiche-Torten und warf mir mit ihrer Mimik die Frage zu, ob ich das auch mitnehmen wolle. »Was ihr wegschmeißen würdet, das nehme ich alles mit«, wiederholte ich. Am Ende standen dreizehn prall gefüllte Tüten vor mir, die ich nur mit ihrer Hilfe in mein Auto reingetragen bekam.

Mein Auto kühlte die Ware über Nacht, sodass ich am nächsten Morgen die Backwaren an obdachlose Menschen in der Stadt verteilen konnte. Schon bald verbreitete sich die Nachricht von meiner Aktion und viele Menschen begannen, es nachzumachen. Zahlreiche Personen erzählten mir, dass sie abends in Bäckereien nach übrig gebliebenen Waren fragten – einige erhielten diese kostenlos, mit der höflichen Bitte, es nicht weiterzuerzählen, um einen Ansturm zu vermeiden. Andere wurden abgewiesen. Wieder andere kauften die übrig gebliebenen Backwaren. Am Ende lehnte die Bäckerei, in der ich war, das Geld ab, da sie die Initiative unterstützen wollten. Die überwältigende Resonanz bestätigte eindrucksvoll, dass Neugier tatsächlich den Anstoß zu Veränderung geben kann.

Neugierige Studien

Die Faszination für das Unbekannte bringt zahlreiche Vorteile mit sich, die sich auf vielfältige Weise in unserem Leben bemerkbar machen. Lass uns zunächst über den Bereich Gesundheit sprechen.

Eine Studie, die über einen Zeitraum von fünf Jahren mehr als 2.000 Erwachsene im Alter von 60 bis 86 Jahren begleitete, ergab ein bemerkenswertes Ergebnis: Am Ende der Untersuchung hatten neugierige Personen, unabhängig von ihrem Alter, Rauchverhalten oder ihrer Vorgeschichte von Krankheiten wie Krebs oder Herz-Kreislauf-Erkrankungen, eine höhere Überlebensrate als ihre weniger neugierigen Altersgenossen. Die Freude am Ausprobieren neuer Dinge schien dabei eine entscheidende Rolle zu spielen.[47]

Dies legt nahe, dass ein Nachlassen der Neugierde möglicherweise ein Frühindikator für gesundheitliche Probleme ist. Diese Tendenz wird besonders bei Patienten mit Parkinson- und Alzheimer-Krankheiten deutlich, die aufgrund von Veränderungen in ihren Gehirnen ein nachlassendes Interesse an Neuem und eine allgemeine Gleichgültigkeit gegenüber ihrer Umgebung zeigen. Es gibt jedoch vielversprechende Hinweise darauf, dass die Förderung der Neugier das Risiko für diese neurologischen Erkrankungen verringern und natürliche Alterungsprozesse des Gehirns teilweise umkehren kann, was letztendlich zu einer Verjüngung führt.

Ein weiterer Vorzug der Neugier liegt in der lebensbejahenden Einstellung, die von neugierigen Menschen an den Tag gelegt wird. Durch Erforschung und Entdeckung können wir besser herausfinden, welche Dinge es wert sind, langfristig verfolgt zu werden. Dies führt zu vielfältigen Interessen, Hobbys und Leidenschaften. Eine positive Lebenseinstellung hilft uns zudem dabei, Ängste zu überwinden. Während Angst oft dazu führt, dass wir uns zurückziehen, ermutigt uns Neugierde dazu, das Unbekannte zu erkunden und neue Erfahrungen zu machen.

Wenn wir unsere Neugierde bewahren, können wir Ängste abbauen und uns auf Abenteuer einlassen, die unser Leben bereichern.

Auch unsere sozialen Beziehungen profitieren von Neugierde. Menschen, die neugierig sind, berichten von erfüllteren Beziehungen und Ehen. Dies ist wenig überraschend, denn wer neugierig auf andere zugeht, hört aktiv zu und stellt tiefgründigere Fragen, was eine solide Grundlage für den Erhalt von Beziehungen bildet. Sie wirkt auch der Langeweile entgegen, die häufig einer Beziehung schadet, wie Therapeuten berichten. Die Offenheit für neue Erfahrungen ermöglicht es uns, andere Menschen besser zu verstehen und eine tiefere Verbindung zu ihnen aufzubauen, was wiederum unsere Empathiefähigkeit stärkt.

Schließlich trägt die Neugierde zur Lebensfreude bei, indem sie uns dazu ermutigt, aus unseren Routinen auszubrechen und neue Dinge zu entdecken. Durch die Offenheit für neue Themen, Kulturen und Menschen können wir inspirierende Erfahrungen machen. Insgesamt ist die Neugierde eine Quelle der Freude, die es uns ermöglicht, das Leben in seiner Vielfalt zu genießen, unabhängig von unserem Alter oder unserer Lebenssituation.

ÜBUNG: Neugier-Bingo

Um deine Neugier zu wecken, habe ich ein spannendes Bingo für dich entwickelt. Es hilft dir, neue Interessen zu entdecken, dein Wissen zu erweitern und vielleicht sogar neue Hobbys zu finden. Das Prinzip ist einfach: Jedes Feld enthält eine Aufgabe, die du erfüllen kannst. Hast du eine Aufgabe erledigt, hakst du das entsprechende Feld ab. Dein Ziel ist es, eine ganze Reihe oder Spalte zu vervollständigen – und dabei jede Menge Spaß zu haben. Um diese Herausforderung zu meistern, hast du eine Woche Zeit.

Neugier funktioniert ähnlich wie Humor. Je mehr du mit Neuem in Kontakt kommst, desto mehr erkennst du die Möglichkeiten, die der Alltag bietet, und nimmst sie ohne Scheu an. Auch im Gewohnten steckt noch viel Unbekanntes, das darauf wartet, gesehen zu werden. Also lass dich von den kleinen Abenteuern des Alltags überraschen.

Teste etwas, das dir nicht gefällt: Höre Metal oder Jazz, oder lies viktorianische Poesie.	Denke heute daran, neugierig durch den Tag zu gehen.	Mach etwas, das dir Angst macht, wie zum Beispiel Karaoke singen.	Setze dich in ein Café, in dem du noch nie warst.
Kaufe ein unbekanntes Getränk.	Schreibe eine »Was wäre, wenn?«-Frage auf.	Probiere ein Rezept aus einer anderen Kultur aus.	Nimm eine neue Route zur Arbeit.
Triff dich mit einem alten Schulfreund oder einer alten Schulfreundin.	Besuche einen interessanten Workshop.	Werde kreativ: Male, schreibe, töpfere oder fotografiere!	Erstelle eine Liste mit Fragen, die du dir schon immer gestellt hast, und versuche sie zu beantworten.
Höre einen Podcast zu einem dir unbekannten Thema.	Informiere dich über Künstliche Intelligenz.	Besuche eine Stadt in der Nähe, die du noch nicht kennst.	Lerne einige Wörter einer neuen Sprache.

Säule 5: Hoffnung

Lange war ich der Überzeugung, die Menschlichkeit auf vier wesentliche Facetten reduziert zu haben, die du bereits kennst: Mitgefühl, Nachsicht, Humor und Neugier. Angetrieben von dem Wunsch, tiefer in das Wesen des Mitgefühls einzutauchen und seine wahre Tragweite zu verstehen, entschied ich mich zu einem weiteren Schritt. Ich wollte erneut hautnah erfahren, wie sich Mitgefühl aus der Perspektive des Empfängers oder gar des Zurückgewiesenen anfühlt. So nahm ich die Rolle eines obdachlosen Menschen an. Unerwartet traf mich an diesem Tag die Erkenntnis eines fünften Bestandteils. In meinem bisherigen Verständnis fehlte eine entscheidende Komponente, die der Menschlichkeit erst eine Stabilität gibt: die Hoffnung.

Warum hilfst du mir?

In der drückenden Hitze des Sommers stand ich vor dem Restaurant »Five on it«, einem Laden, der eine Vielzahl von Bowls anbot. Mein Erscheinungsbild spiegelte sich dabei unweigerlich in meinem Wohlbefinden wider: eine schwarze durchlöcherte Jogginghose, ein viel zu warmer Kapuzenpullover, eine dicke Regenjacke, eine Mütze und ein Bart, der von Schmutz gezeichnet war. Schweißperlen rannen mir über die Stirn und in mir der Gedanken, dass obdachlose Menschen all ihre Habseligkeiten, inklusive Winterkleidung für die kalten Nächte, mit sich herumtragen müssen.

Mit einem tiefen Atemzug versuchte ich, meine Nervosität zu regulieren. Die Aufregung bleibt immer bei meinen Experimenten, unbedeutend, wie oft ich sie bereits vollzogen habe – heute übrigens weiterhin, wie damals. »Die größte Überwindung ist die Eingangstür«, ermutigte ich mich selbst und öffnete sie zögerlich.

Von der Theke aus blickte ein Mitarbeiter zu mir auf, doch er schien mein äußeres Erscheinungsbild nicht zu beachten. »Hi, grüß dich«, sagte er freundlich. Während er auf meine Bestellung wartete, starrte ich auf die Speisekarte, die über ihm hing. Die Situation lähmte mich und aus mir kam kein Wort. »Hhhhey, iiiich habe … ich … ich habe …«, stotterte ich. Geduldig blickte er mich an, ohne Druck, ohne Bewertung. Ich fühlte mich angenommen und meine Stimme entspannte sich. »Ich habe seit zwei Tagen nichts gegessen, ich habe Hunger«, brachte ich endlich aus mir heraus. Der junge Mann nickte, überlegte kurz und rief nach hinten in die Küche: »Abdel, hast du kurz Zeit, nach vorn zu kommen, bitte?«

Abdel wischte sich die Hände ab und kam zur Theke. »Habt ihr was für mich, was …«, nuschelte ich zu ihm. Meine Stimme versagte erneut und die Temperaturen im Pullover stiegen. »… irgendwas Kleines?

Abdel realisierte die Situation und seine Augen strahlten Mitgefühl aus. Er erkannte meine Not und meine Verzweiflung. »Was brauchst du?«, fragte er sanft. »Egal«, flüsterte ich. »Was möchtest du haben?«, wiederholte er. »Egal, irgendwas.« Tränen schossen mir in die Augen, ich kämpfte gegen meine Emotionen. In diesem Moment war ich nicht mehr in der Rolle eines obdachlosen Menschen. Ich war die verzweifelte Person, die ihren letzten Mut zusammengenommen hat, um nach Hilfe zu fragen.

Abdel lächelte und sagte: »Ich mache dir was Leckeres.« Er nahm eine große Schüssel und füllte sie bis zum Rand. »Warum hilfst du mir?«, fragte ich ihn, als er gerade mit dem Rücken zu mir stand. Er drehte sich um, hatte meine Frage aber nicht verstanden. »Warum hilfst du mir?«

»Warum nicht?!«, antwortete er und schenkte mir ein weiteres warmes Lächeln.

»Gehört dir der Laden?«, fragte ich. Er nickte und gab mir die Schüssel mit dem Essen. »Wir helfen gern«, sagte er. »Ich bin ein zuversichtlicher Mensch. Nur derjenige, der hilft, dem wird auch irgendwann mal geholfen. Jeder wird vielleicht mal mehr oder weniger Hilfe brauchen. Lass es dir schmecken.«

Schließlich löste ich die Situation auf und erklärte dem verblüfft schauenden Abdel, dass es sich hierbei um ein soziales Experiment handelt.

Nachdenklich reflektierte ich zu Hause unsere Begegnung. Was trieb Abdel an, mir so selbstlos zu helfen? War es Mitgefühl, das ihn dazu bewog, mich zuerst nach meinen Bedürfnissen zu fragen, anstatt mir einfach irgendwas zu geben? Oder war es die Nachsicht, die ich in seinen und den urteilsfreien Augen seines Mitarbeiters zu erkennen glaubte?

Doch Abdels letzter Satz hinterließ in mir ein Gefühl der Verunsicherung. Er beschrieb seinen Antrieb mit der Hoffnung auf Gegenseitigkeit: »Nur derjenige, der hilft, dem wird auch irgendwann mal geholfen.« Seine Worte stimmten zwar mit seinem mitfühlenden und nachsichtigen Handeln überein, doch gleichzeitig schienen sie eine andere Dimension zu eröffnen.

Mir wurde bewusst, dass mein Verständnis der Situation eine Lücke aufwies. Ich versuchte, Abdels Tat mit zwei Elementen der Menschlichkeit – Mitgefühl und Nachsicht – zu erklären, doch es fügte sich kein rundes Bild zusammen. Erst als ich seinen Satz erneut durchdachte, erkannte ich den fehlenden Baustein. Es war die Hoffnung.

Abdel hoffte darauf, dass ihm Hilfe widerfährt, sollte er jemals in eine ähnliche Lage geraten. Ich vermutete zudem weitere unausgesprochene Hoffnungen, die er in sich trug, wie, dass seine Unterstützung mir in meiner prekären Situation Linderung verschaffen würde. Ohne diese beiden Hoffnungen hätte er mich womöglich abgewiesen, da er keinen Sinn in seiner Handlung gesehen hätte. Er nahm seine Hoffnung und teilte sie mit mir.

Hoffnung war nicht nur der Antrieb für Abdels Handeln, sondern auch für mein eigenes an jenem Tag. Hätte ich nicht die Hoffnung gehabt, Elemente der Menschlichkeit in dieser schwierigen Situation zu erleben, wäre ich gar nicht erst in sein Restaurant gegangen.

Wir beide hofften und handelten daraufhin.

Die Realität der Hoffnung

Schaut man sich den Begriff »Hoffnung« an, stößt man auf zwei unterschiedliche Bedeutungen, die wir klären müssen. Im alltäglichen Sprachgebrauch sagen wir zum Beispiel »Ich hoffe, es regnet heute nicht« oder »Ich hoffe, es geht dir gut«. Doch drückt dies nicht eher einen Wunsch aus? »Ich wünsche mir, dass es heute nicht regnet« oder »Ich wünsche dir, dass es dir gut geht« träfe den Kern der Sache wohl präziser. Es handelt sich um einen Zustand, den wir uns wünschen, dessen Verwirklichung jedoch nicht in unseren Händen liegt.[48]

Die allgemeine Definition von »Hoffnung« geht hingegen weiter: Sie beschreibt eine Denkweise, die darauf abzielt, das Morgen, das irgendwann zum Heute wird, aktiv zu gestalten. Hoffnung impliziert nicht nur den Wunsch nach Positivem, sondern auch das Wissen und die Willenskraft, diese aktiv herbeizuführen.[49]

Ist ein erreichbares Ziel gesetzt, verlangt Hoffnung nach der Identifizierung von Wegen, die uns dorthin führen. Uns muss bewusst sein, dass das Leben nicht ohne Hindernisse auf dem Weg zum Ziel vorbeikommt, weshalb alternative Wege hilfreich sind, um unsere Hoffnung aufrechtzuerhalten. Schließlich erfordert Hoffnung die Willenskraft, diese Wege auch tatsächlich zu beschreiten und Hindernisse zu überwinden.[50]

Die Fähigkeit, Ziele zu setzen, Wege zu planen und die Kraft, diese Wege auch zu gehen, lässt den Glauben an eine bessere Zukunft reifen. Hoffnung befähigt uns, diese Zukunft aktiv im Jetzt zu gestalten. Abdels und meine Hoffnungen stützen sich auf diese drei zentralen Punkte:

1. Wir hatten ein klares Ziel vor Augen
Abdel: Er hoffte, dass ihm ebenfalls geholfen würde, wenn er in eine schwierige Situation geriete.
Ich: Ich hoffte, mehr über die Menschlichkeit erfahren zu können.

2. Wir kannten den Pfad, der uns zu diesem Ziel führen sollte
Abdel: Diese Hoffnung trieb ihn an, mir zu helfen, da ich ihm eines Tages vielleicht auch helfen könnte.
Ich: Diese Hoffnung trieb mich an, die Situation zu erschaffen und meine Rolle im Restaurant einzunehmen.

3. Wir besaßen die Willenskraft zu handeln
Abdel: Durch sein Handeln zeigte er, dass er seine Hoffnung ernst nahm.
Ich: Durch mein Handeln zeigte ich, dass ich meine Hoffnung ernst nahm.

Die Hoffnung fiel mir zuvor nicht auf, denn ich assoziierte sie mit Menschen, die an unheilbaren Krankheiten litten und dennoch Hoffnung auf Heilung hatten. Für mich galt Hoffnung als eine Art tröstendes Gefühl, eine Illusion, die uns von der Realität entfernt. Doch mir wurde klar, dass Hoffnung viel näher an der Realität ist, als ich dachte.

Hoffnung ist kein bloßes Gefühl, sondern vielmehr eine treibende, energiegebende Kraft.

Zudem ist Hoffnung durchaus logisch. Ich erkannte, dass im Leben nichts sicher ist, außer dem, was bereits eingetreten ist, und somit alles möglich bleibt – sogar Heilung, sei es durch Wunder oder anderweitig. Auch im Unwahrscheinlichen steckt die Realität.

Abdel war sich dessen bewusst, dass es äußerst unwahrscheinlich ist, einmal obdachlos zu sein, und noch unwahrscheinlicher, dass ich ihm dann helfen könnte. Dennoch schloss er es nicht aus.

Hoffnung erzeugt Hoffnung

In unserer Jugend lernten wir, Rühreier zu kochen, und wussten, wie lange Nudeln in kochendem Wasser brauchten, bis sie bereit waren, mit einer fertigen Pestosauce vermischt zu werden. Nachdem wir diese Grundlagen beherrschten, konnten wir uns vorstellen, Spiegeleier zuzubereiten und uns an komplexere Nudelgerichte zu wagen. Mit jeder gemeisterten Herausforderung wuchs unsere Zuversicht, und bald trauten wir uns zu, ein ganzes Menü zu kochen.

So geht unsere Vorstellungskraft Hand in Hand mit dem Erreichen von Zielen. Umgekehrt braucht es die Vorstellung, dass wir die Ziele auch erreichen können. Wir hoffen zunächst, ein genießbares Rührei zu kochen und können mit dem Fortschritt hoffen, ein Menü für die Familie zaubern zu können – Hoffnung erzeugt Hoffnung.

Ähnlich gehen wir auch mit Kindern um. Wenn ein Kind uns sagt, dass es mit einem anderen Kind befreundet sein möchte, ermutigen wir es, zu dem anderen Kind zu gehen und zu spielen. Wir geben einen klaren Weg vor. Wenn ein Kind einen Keks haben möchte, sagen wir ihm, dass es erst sein Mittagessen aufessen soll, und geben somit wieder einen klaren Weg vor. Auf diese Weise lernt das Kind, dass es seine Ziele erreichen kann, wenn es den richtigen Weg geht, und dass Hoffnung erreichbar ist.[51] Nicht jeder von uns wurde in behüteten Verhältnissen großgezogen, in denen Hoffnung von Anfang an kultiviert wurde. Aber das ist nicht schlimm, denn Hoffnung kann auch in Umgebungen gefunden werden, die eigentlich Hoffnungslosigkeit nahelegen – sei es in Gefängnissen, Kriegsgebieten oder Slums. Wichtig für die Hoffnung ist es, zu erkennen, was um einen herum ist, und mit den vorhandenen Mitteln zu arbeiten. Selbst im Gefängnis kann ein Häftling, der zu lebenslanger Haft verurteilt wurde, erkennen, dass Hoffnung nicht von äußeren Umständen abhängt und sie im Gefängnis finden. Hoffnung kann überall gefunden werden, daher der Spruch »Die Hoffnung stirbt zuletzt«.

Hoffnung erzeugt nicht nur weitere Hoffnung, sondern hat auch weitreichende Auswirkungen auf unseren Körper und Geist. Sie ist maßgeblich daran beteiligt, uns Ziele zu setzen, diese zu erreichen und Probleme zu lösen. Indem sie uns Selbstvertrauen gibt, unser Leben aktiv gestalten zu können, wirkt sie nachweislich direkt auf unser Wohlbefinden.

Vor allem durch unsere unausweichliche Verbundenheit mit dem Leiden der Welt ist Hoffnung unerlässlich. Wir brauchen sie, um dem Leiden standzuhalten, ohne uns in Hoffnungslosigkeit und dadurch in Gleichgültigkeit zu verlieren.

Die Hoffnungslosigkeit

Zunächst einmal sollte festgehalten werden, dass es so etwas wie zu viel Hoffnung schlichtweg nicht zu geben scheint. Anders verhält es sich hingegen mit zu wenig Hoffnung: Hierbei handelt es sich um ein durchaus ernst zu nehmendes Phänomen, das in äußersten Fällen zu Suizidgedanken führen kann.

Stellen wir uns noch mal vor, wir wären wieder jung und wollten das Kochen erlernen. Diesmal misslingt uns jedoch bereits das Rührei und die Nudelsauce. Mit jedem misslungenen Versuch wachsen in uns Zweifel, ob wir jemals unser Ziel, ein Menü für die Familie zu kochen, erreichen können. Diese wiederholten Misserfolge führen dazu, dass wir glauben, zukünftige Erfolge seien unwahrscheinlich, und wir fragen uns: »Warum es überhaupt versuchen?« Aus anfänglicher Hoffnung wird Wut, da wir immer wieder auf Hindernisse stoßen, die unser Ziel blockieren. Diese Wut verwandelt sich mit der Zeit in Verzweiflung, und wir beginnen, uns unfähig zu fühlen. Der Weg zu unserem Ziel erscheint uns immer weniger erreichbar.

In diesem Moment haben wir zwei Möglichkeiten: Wir können unser Ziel neu definieren, es anpassen und ihm eine neue Form geben, die unseren ursprünglichen Vorstellungen ähnelt. Oder wir lassen uns von einem abwärts gerichteten Strudel mitreißen, der uns zur Apathie führt. Apathie, das Gegenteil von Empathie, bedeutet Teilnahmslosigkeit und Gleichgültigkeit – der Verlust jeglicher Willenskraft. Wenn diese Haltung nicht nur beim Kochen, sondern in vielen, bedeutungsvolleren Bereichen unseres Lebens Einzug hält, beginnen wir, eine grundsätzliche apathische Einstellung zum Leben zu entwickeln. Wir fühlen uns machtlos, unfähig, unser Leben aktiv und positiv zu gestalten, und erleben einen Sinnverlust. Wir fragen uns: »Warum sollte ich überhaupt hier sein, wenn ich nichts ändern kann?« Das Leben scheint seinen Wert und seine Bedeutung zu verlieren.

Diese Hoffnungslosigkeit zeigt sich oft in der Formulierung unserer Ziele. Statt positive Ziele zu setzen wie »Ich hoffe, dass ich die Prüfung bestehe«, sprechen wir in Vermeidungszielen: »Ich hoffe, dass ich nicht durchfalle.« Das ist keine wirkliche Hoffnung, denn echte Hoffnung ist immer auf Positives gerichtet.

Menschen mit geringer Hoffnung neigen dazu, sich Ziele zu setzen, die lediglich darauf abzielen, negative Ereignisse zu vermeiden, anstatt positive Erfolge zu erreichen.

Ein wesentlicher Grund für das Entstehen von Hoffnungslosigkeit liegt nicht nur in unseren eigenen Misserfolgen. Auch negative Menschen in unserem Umfeld können einen erheblichen Einfluss darauf haben, oft mehr, als wir denken. Wenn wir uns mit Menschen umgeben, die unsere Hoffnungen nicht teilen oder uns nicht in unseren Bestrebungen unterstützen, kann dies dazu führen, dass wir unsere Ziele vorzeitig aufgeben. Aussagen wie »Du wirst es nie weit bringen« oder »Bleib realistisch« beeinflussen unsere Vorstellungen und Ziele enorm.

Wenn du dich also hoffnungslos fühlst, betrachte dein soziales Umfeld genau und frage dich, ob diese Menschen dir wirklich guttun.[52]

ÜBUNG: Die Hoffnungsskala

Hoffnung mag auf den ersten Blick etwas Vages und Unmessbares erscheinen, doch mit der richtigen Herangehensweise lässt sie sich tatsächlich messen und aktiv beeinflussen. Die Hoffnungsskala von Rick Snyder[53] besteht aus acht Aussagen. Sie bietet uns die Möglichkeit, unsere hoffnungsvolle Einstellung zu erfassen. Vier dieser Aussagen konzentrieren sich auf die Wegkraft, während vier auf die Willenskraft eingehen. Erst am Ende der Hoffnungsskala wird enthüllt, welche Aussagen welcher Kategorie zugeordnet sind, was es uns ermöglicht, gezielt an unserer Hoffnung zu arbeiten. Diese beiden Kräfte haben wir bereits diskutiert, als wir uns näher mit der Definition von Hoffnung befasst haben.

Um ein Ziel erreichen zu wollen, also Hoffnung aufzubauen, ist es entscheidend, sowohl die Kraft zu besitzen, einen möglichen Weg zu identifizieren (Wegkraft), als auch die Kraft, diesen Weg zu beschreiten (Willenskraft).

Die Skala misst deine allgemeine Hoffnung für dein Leben und kann regelmäßig wiederholt werden, um deine Fortschritte zu verfolgen. Ehrlichkeit mit dir selbst ist dabei entscheidend, wie auch bei der Identitätsanalyse. Während die Hoffnungs-skala keine Aussagen über deinen Optimismus, deine Resilienz oder dein Selbstwertgefühl trifft, liefert sie wertvolle Einblicke in deine eigene Hoffnungshaltung. Hoffnung ist keine fixe Eigenschaft, sondern sie existiert in uns wie ein Muskel, der trainiert werden kann. Mit den richtigen Strategien und etwas Unterstützung kannst du deine Hoffnung stärken und von ihren Vorteilen Gebrauch machen.

Nimm dir Zeit, jede Aussage aufmerksam zu lesen. Wähle dann aus der Skala die Zahl aus, die am besten beschreibt, wie du dich fühlst, und notiere sie dir.

1 = definitiv falsch
2 = meistens falsch
3 = eher falsch
4 = leicht falsch
5 = leicht richtig
6 = eher richtig
7 = meistens richtig
8 = definitiv richtig

Aussage 1: Ich kann mir viele Wege vorstellen, um aus einer schwierigen Lage herauszukommen.
Aussage 2: Es gibt viele Wege, um jedes Problem zu lösen.
Aussage 3: Ich kann mir viele Wege vorstellen, um die Dinge zu erreichen, die mir im Leben wichtig sind.
Aussage 4: Auch wenn andere entmutigt sind, finde ich einen Weg, das Problem zu lösen.

Aussage 5: Ich verfolge meine Ziele energisch.
Aussage 6: Meine bisherigen Erfahrungen haben mich gut auf meine Zukunft vorbereitet.
Aussage 7: Ich bin im Leben ziemlich erfolgreich.
Aussage 8: Ich erreiche die Ziele, die ich mir setze.

Eine Tendenz deiner Wegkraft erhältst du durch die Aussagen 1, 2, 3 und 4 und die deiner Willenskraft bestimmst du anhand der Aussagen 5, 6, 7 und 8, die du dir genauer angucken solltest. Die generelle Einschätzung deiner Gesamthoffnung ergibt sich, indem du alle Punkte zusammenzählst:

30 — **Unter 40:** Du hast geringe Hoffnung.
40 — **40 oder darüber:** Du gehörst zu den Hoffnungsvollen.
   Über 48: Du hast ein hohes Hoffnungsniveau.
50 — **56 oder höher**: Du bist eine Person mit sehr hoher
60 — Hoffnung.

Lass dich aber nicht entmutigen, wenn deine Skala im Moment niedrig ist! Das bedeutet lediglich, dass du Potenzial zur Verbesserung hast. Was sagt sie noch aus? Bei geringer **Wegkraft** solltest du dich mit Menschen verbinden, die dir dabei helfen, strategisch zu denken, Hindernisse zu überwinden und deine Ziele zu erreichen. Solche Unterstützer können dir wertvolle Perspektiven und Lösungsansätze bieten, die dir den Weg zum Erfolg ebnen.

Wenn du eine geringe **Willenskraft** hast, empfiehlt es sich hingegen, dich mit Menschen zu umgeben, die dich ermutigen und unterstützen. Diese unterstützenden Personen können dir helfen, dich innerlich zu stärken, und dir die nötige Motivation geben, um deine Ziele zu verfolgen.

Vier Schritte zur Hoffnung

Hoffnung wird oft missverstanden als großes, abstraktes Konzept. Doch in Wahrheit geht es bei ihr um etwas viel Greifbareres: Um Ziele, die wir uns setzen und denen wir mit Zuversicht entgegenstreben, auch wenn der Weg steinig sein mag. Dabei unterscheidet sich Hoffnung fundamental von den anderen vier Säulen: Mitgefühl, Nachsicht, Humor und Neugier. Sie ist keine Einstellung zur Welt und zum Menschen, sondern eine aktive und strukturierte Herangehensweise, unser Leben zu gestalten. Um sie zu kultivieren, bedarf es daher einer strukturierten Vorgehensweise, die sich auf diese vier Komponenten stützt: Zielsetzung, Wegfindung, Willenskraft und soziale Unterstützung.

1. Zielsetzung
Den Anfang macht die Festlegung eines Ziels – der Anker, der unserer Hoffnung Halt gibt. Wichtig dabei: Vermeiden wir negative Formulierungen (»Hoffentlich passiert das nicht«) und gesellschaftlichen Leistungsdruck (»Hoffentlich schaffe ich die Abgabe pünktlich«). Stattdessen sollten wir uns auf ein positives Morgen fokussieren: »Hoffentlich reagiere ich beim nächsten Mal humorvoller.«

2. Wegfindung
Ist das Ziel definiert, geht es darum, Wege zu finden, es zu erreichen. Hierbei gilt: Es gibt selten nur einen Königsweg. Durch Brainstorming – indem wir alle möglichen Optionen frei aufschreiben, egal wie unkonventionell sie erscheinen mögen – und indem wir mögliche Hindernisse miteinbeziehen, werden verschiedene Pfade sichtbar.[54]

3. Willenskraft
Manchmal gerät unsere Willenskraft ins Stocken. Dann ist es wichtig, sich bewusst zu machen, dass sie eine natürliche Ressource ist, die Energie benötigt. Gesunde Ernährung, Bewegung und ausrei-

chend Erholung bilden die Basis, um die Willenskraft konstant zu stärken. Denn eines ist klar: Ist der Körper müde, wünscht er sich nur eins – Schlaf.[55]

4. Soziale Unterstützung

Unser Umfeld hat einen starken Einfluss auf unsere Hoffnung. Daher sollten wir negative Einflüsse meiden und uns bewusst mit Menschen umgeben, die uns unterstützen und unsere Ziele bestärken. Gleichzeitig sollten wir selbst Teil eines solchen Support-Teams sein und anderen Mut und Hoffnung schenken. Denn wie Abdel so treffend sagte: »Nur derjenige, der hilft, dem wird auch irgendwann mal geholfen.«

Voller Vorfreude bat ich Abdel, seine Erinnerungen an unsere erste Begegnung für dieses Buch in Worte zu fassen. Seine Eindrücke sollen die Geschichte aus seinem Blickwinkel beleuchten.

Abdels Erinnerungen:
»Mein Aufeinandertreffen mit Patrick«

»Als mich mein ehemaliger Mitarbeiter im Restaurant damals aus der Küche an die Theke gebeten hatte, wusste ich nicht, worum es ging. Ich hätte damit gerechnet, eine Frage bezüglich der Kasse, eines Produkts oder vielleicht der Allergene gestellt zu bekommen. Doch stattdessen stand ein Mensch vor mir, dessen Gemütszustand nicht besonders gut aussah. Ich erinnere mich noch gut an diesen Tag: Es waren gefühlt fünfunddreißig Grad in Aachen, und der Kerl stand vor mir in Wintermontur. Seine Mütze war völlig dreckig, die Hose durchlöchert und mit leiser, zitternder Stimme nuschelte er einfach vor sich hin. Anfangs begriff ich gar nicht, was er wollte, da er kein Wort herausbrachte und nur in unverständlichen Bruchteilen sprach. Als ich dann endlich verstand, was er wollte, nämlich dass er seit zwei Tagen nichts gegessen hatte, war für mich klar, dass ich ihm schnell eine Bowl zusammenstellen wollte. Ich musste aber auch schnell ab zurück in die Küche, denn dort briet ein Stück Lachs unbeaufsichtigt in der Pfanne.

Als dann Patricks Frage kam ›Warum hilfst du mir?‹, war ich völlig baff. Ich verstand die Frage nicht! Er musste seine Frage wiederholen: ›Warum hilfst du mir?‹ Hä?! Die Frage wollte einfach nicht in meinen Kopf. Ich dachte mir, wir sind ein Restaurant. Wer sollte deinen Magen so schnell sonst satt bekommen können, wenn nicht wir hier?

Als er sich dann im darauffolgenden Augenblick entlarvte und plötzlich mit einer klaren, sympathischen Stimme sprach, war mir klar: Hier stimmt etwas nicht! Er erzählte von einem Experiment … Das Lachsfilet war zwar später völlig verbrannt, doch wichtiger ist die ›Pointe‹ dieser Aktion:

Manchmal kann ein kleines Wenig für jemanden etwas ganz Vieles sein!«

Dritter Teil

STATUS ZWO: ZWISCHEN GEMEINSCHAFT UND MIR

Kapitel 6

HUMANVOLL

Jeder Einzelne zählt

---

22. Dezember 2022: Festliche Stimmung liegt in der Luft. Mit einer Tasse heißem Kakao in der Hand, natürlich verziert mit einer Portion Schlagsahne, genieße ich den Blick auf den schneefallenden Winterhimmel. Die wohlige Wärme der Weihnachtsbaumbeleuchtung und der Duft frisch gebackener Kekse erfüllt die Wohnung. Aus dem Radio der Küche erklingt das Lied »Last Christmas« von Wham. Ich liebe das Lied. Zweiundzwanzig Türchen des Adventskalenders stehen schon offen und das bedeutet noch zwei Tage bis zum Fest. Es ist Donnerstag, doch der Alltagstrubel ist fern – Urlaubszeit!

Heute habe ich mir etwas ganz Besonderes vorgenommen: ein Besuch auf dem Weihnachtsmarkt. Endlich wieder! Nach zwei Jahren Coronapause kann man die festliche Atmosphäre in vollen Zügen genießen. Die Pandemie hat viele Menschen zurückgezogener und unsozialer gemacht, doch in der Vorweihnachtszeit spürt man wieder eine gemeinsame Sehnsucht nach unbeschwertem Beisammensein.

Die Freude ist groß, denn die letzten Monate waren stressig und hektisch. Auf dem Weihnachtsmarkt in Aachen werde ich meine Mutter treffen. Sie ist selbstständig und wir haben uns daher leider in der letzten Zeit viel zu selten gesehen. Der heutige Abend gehört uns aber ganz allein – fast jedenfalls. Denn ich habe mir ein besonderes Weihnachtsgeschenk von ihr gewünscht: zusammen Weihnachtsgeschenke an obdachlose Menschen verteilen.

Gemeinsam bei Freunden und Familie haben wir in den letzten Wochen gut erhaltene Winterkleidung gesammelt und einiges neu gekauft: Pullover, dicke Jacken, Mützen, Schals, Handschuhe und Socken. Fünfzehn liebevoll verpackte Geschenke stapeln sich nun unter dem Weihnachtsbaum – bereit, um verteilt zu werden.

Unser Ziel: Mit dieser Aktion ein wenig Weihnachtszauber an diejenigen zu verschenken, die ihn nur von außen betrachten können. Schon lange habe ich mit diesem Gedanken gespielt, doch der Mut fehlte mir. Oder war es eher die Motivation?

Bei eisigen Temperaturen schlendern wir also über den Weihnachtsmarkt, drei Rucksäcke voller Geschenke im Gepäck. Die Menschenmengen drängen sich zu den nächsten Ständen, während Kinder über die magische Atmosphäre des Ortes staunen, vor allem über die Frittenstationen.

Als wir die Geschenke verteilen, erhellen an jedem unserer Zwischenstopps strahlende Augen unser Gesicht. »Wirklich? Für mich?«, fragen viele ungläubig.

Ein letztes Geschenk habe ich noch. Da entdecke ich in einiger Entfernung einen Mann, der frierend auf dem kalten Boden sitzt. Eine dünne Decke, eine einfache Jacke und eine Kapuze bieten ihm kaum Schutz vor der Kälte. Ich nehme mein Handy raus und bitte meine Mutter, es zu filmen. Ich gehe zu ihm hin. »Hey, ich bin Patrick«, stelle ich mich vor.

»Micha«, erwidert er.

»Wann hast du das letzte Mal ein Weihnachtsgeschenk bekommen?«, frage ich.

»Gar nicht«, antwortet er und zuckt mit den Schultern.

»Heute habe ich eins für dich«, sage ich und übergebe ihm das Geschenk. Ein Lächeln huscht über sein Gesicht.

»Danke, das ist echt cool.«

Ich ermutige ihn, das Geschenk gleich auszupacken. Mütze und Schal sollten ihn wärmen. Doch er winkt ab.

»Lieber an Heiligabend«, sagt er. »Vielen Dank, ich bin überwältigt.«

In einer herzlichen Umarmung wünschen wir uns gegenseitig frohe Weihnachten.

23. Dezember 2022: Morgen ist Heiligabend. Mit meiner Familie geht es an die niederländische Küste, wo wir ein paar entspannte Tage am Meer verbringen möchten. Gleich sollte mich das Auto abholen, also packe ich schnell meine Tasche und mache mich startklar.

Heute Morgen habe ich bereits das Video in den sozialen Medien geteilt, das meine Mutter gestern gedreht hat. Mein Wunsch ist es, dass viele Menschen dieses Video sehen und sich von der Idee inspirieren lassen. Vielleicht animiert es ja den einen oder anderen dazu, an Weihnachten ebenfalls etwas Gutes zu tun. Sei es, indem sie Essen an Bedürftige verteilen oder einfach nur Dankbarkeit für ihr eigenes Leben empfinden.

Während ich mein Gepäck zusammenstelle, leuchtet mein Handy immer wieder auf. Wahrscheinlich sind es Freunde, die mir schon jetzt frohe Weihnachtsgrüße senden. Aus Zeitmangel ignoriere ich die Nachrichten erst mal, schalte mein Handy stumm und stecke es in die Hosentasche.

Im Auto, auf der Fahrt Richtung Küste, fällt mir mein Versäumnis wieder ein. Ich hole mein Handy raus, entriegele den Bildschirm und bin sprachlos. Unglaublich! Eine Flut an Nachrichten und Kommentaren aus den sozialen Medien prasselt auf mich ein. Hunderte, nein, sogar Tausende Nachrichten und Kommentare. Mittlerweile haben schon über eine Million Menschen das Video gesehen.

Zuerst bin ich etwas überfordert, aber dann beginne ich, jede Nachricht und jeden Kommentar einzeln zu lesen und zu beantworten. So viele Menschen zeigen sich berührt und wollen selbst aktiv werden. Es ist aber auch meine erste Begegnung mit Hass im Internet.

»Er hat NICHTS & möchte sich das Geschenk
für Heiligabend aufheben, weil es was
Besonderes für ihn ist 😢 🙏 🖤 «

»Tolle Idee! 👍 «

»Superschöne Geste. Hast mich zum
Nachdenken gebracht und dieses Jahr
werde ich dann mit meiner Tochter
auch so ein Paket machen 👀 🖤 «

»Wie schön er sich freut! 😍 Wie schön,
jemand der sich traut, offen und ehrlich auf die
Menschen zugeht, um Freude zu ›ver-teilen‹!«

»Dieses Jahr dann nicht nur ein
anonymes Paket für die hiesige Tafel,
sondern deinem Vorbild folgen 😊 «

»Echt traurig das du es filmen musst für
den Fame ... mach es für dich selbst!
Du bist kein guter Mensch!!! 👻 «

»Leute, die solche Videos liken, sind genauso
verlogene Drecksheuchler, wie die Leute,
die gute Taten veröffentlichen 🤡 «

Das Video schlug rasante Wellen und löste viele unterschiedliche
Reaktionen aus. Mir wurde bewusst, dass ich in der Lage bin, Menschen zu ermutigen. Noch am selben Tag und in den darauffolgenden Tagen erhielt ich zahlreiche ähnliche Videos und Fotos sowie
Sprachnachrichten von Menschen, die durch mein Video Mut und
Motivation gewonnen hatten, selbst eine freundliche Geste für obdachlose Menschen umzusetzen.

22. Dezember 2023 – ein Jahr später: In einer fremden Wohnung, die für zwei Tage unser Zuhause wurde, laufen die letzten Vorbereitungen für eine ganz besondere Weihnachtsüberraschung. Hier wohnt eine Familie, die von Schicksalsschlägen gezeichnet ist: Die Mutter leidet an frühzeitiger Demenz, der Vater trägt die Spuren eines unverschuldeten Brandes. Ihr Sohn, ein schüchterner, freundlicher Junge, der aus Mangel an finanziellen Mitteln noch nie in seinem Leben einen Weihnachtsbaum zu Hause aufgestellt hat. Sein größter Wunsch, so habe ich erfahren, ist ein rotes Fahrrad.

Berührt von ihrer Geschichte nahm ich Kontakt zu der Familie auf. Erstaunlicherweise schenkten sie meinem Team und mir, obwohl wir uns nicht kannten, ihr Vertrauen und überließen uns für zwei Tage ihre Wohnung. Sie selbst verbrachten diese Zeit bei Freunden.

In wenigen Minuten werden sie klingeln und voller Spannung die Tür öffnen. Was sie dann sehen werden, übertrifft womöglich alle ihre Erwartungen. Gemeinsam mit meinem Team habe ich die Wohnung in ein festliches Winterwunderland verwandelt. Julian schmückt noch die Türen mit Tannengirlanden, Benni hängt die letzten Weihnachtskugeln auf und Erencan gibt in der Küche der Kürbiscremesuppe den letzten Schliff. Ich platziere den Nussknacker und schmücke eine festliche Tafel auf dem Esstisch. Unter dem Weihnachtsbaum strahlt natürlich das heiß ersehnte rote Fahrrad. Aber damit nicht genug: Der Kühlschrank ist prall gefüllt mit Lebensmitteln, damit die Familie sich während der Festtage keine Sorgen um ihr Essen machen muss.

»Humanvoll« entsteht

Ein Jahr ist vergangen. Ich bin nicht mehr dieselbe Person, die einst allein auf die Suche nach ihrer Identität und den tiefsten Geheimnissen der Menschlichkeit ging. Heute bin ich von Gleichgesinnten umgeben. Menschen, die sich meiner Vision angeschlossen haben und gemeinsam nach ihren tiefsten Werten leben. Auf meiner Reise konnte ich das Identitätsmodell mit den Morgen- und Abendwerten entdecken. Überzeugt von der Fülle, die darin steckt, bemühe ich mich jeden Tag, danach zu leben.

Das Video, das ich hochgeladen hatte, war verantwortlich dafür, dass ich nicht mehr allein war, denn es löste eine unerwartete Kettenreaktion aus. Wie ich später erfuhr, hob sich das Video von der Masse der üblichen Internetinhalte ab – es gab darin weder Comedy noch Tanz oder Meinungsäußerungen. Es zeigte etwas Eigenes, etwas Authentisches. Die sozialen Plattformen zeigten ihr Bedürfnis nach inspirierenden Inhalten.

Ich beschloss deshalb, meine Aktionen mit einer kleinen Kamera zu begleiten und die Erfahrung, die ich dabei machte, mit anderen Menschen in den sozialen Medien zu teilen. Zunächst brauchte ich einen passenden Namen für meinen Kanal. Er sollte den Kern meiner Aktivitäten widerspiegeln: den Menschen in seiner ganzen Vielfalt. Bei einem Gespräch mit einer Freundin stieß sie auf den englischen Begriff »human«, Mensch, und kombinierte ihn mit dem deutschen Wort »voll«. Die Idee gefiel mir sofort. »Humanvoll« – der perfekte Name für meinen Kanal, der das volle Spektrum des Menschseins widerspiegeln sollte.

»Humanvoll« entwickelte sich schnell zu einem beliebten Kanal. Zunächst wuchs die Zahl der Abonnenten auf Hunderte, dann auf Tausende und schließlich auf weit über Hunderttausend. Menschen aus allen Lebensbereichen wurden Teil der Community: Menschen, die meine Aktionen nachmachten, nach Inspiration und Motivation suchten oder einfach nach Hoffnung im Leben. Sie glaubten noch an das Gute in der Welt oder entdeckten es durch den Kanal neu.

Ich war nicht mehr allein, wir waren jetzt viele.

Aus eins mach zwei und drei

Früh schon stieß Julian zu meinem Team. Er begeisterte sich für meine Mission und bot mir seine Hilfe an, Videos zu filmen und zu schneiden. Zunächst zögerte ich, da ich befürchtete, die Kosten für einen Videografen nicht stemmen zu können. Doch Julian versicherte mir, dass er seine Unterstützung kostenlos anbieten wollte, um mein Projekt voranzutreiben:

»Bin gerade auf deinen Kanal gestoßen. Finde es mega, was du da machst. Falls du irgendwann mal Hilfe mit Filmen und Schneiden brauchst, würde ich gerne meine Hilfe anbieten. Komme auch aus Aachen, bin auch kein Profi oder so, aber finde es klasse, was du mit dem Kanal machst. Keep it up 😄«

In unserer ersten gemeinsamen Aktion verteilten wir Blumensträuße an Männer. Die Idee dahinter war, eine veraltete Tradition zu durchbrechen. Laut einem Zeitungsartikel, den ich las, erhalten die meisten Männer ihren ersten Blumenstrauß erst zu ihrer Beerdigung. Die Aktion war ein voller Erfolg und gleichzeitig der Beginn einer fruchtbaren Freundschaft. Julian und ich verstanden uns auf Anhieb und ergänzten uns sehr gut.

Um größere Projekte realisieren zu können, die meine finanziellen Möglichkeiten überstiegen, gründeten wir einen kleinen Online-Shop. Julians Freund Benni unterstützte uns tatkräftig beim Aufbau des Shops und wurde zum festen Teammitglied.

Wenn eine einzelne Person bereits viel bewirken kann, wie viel mehr lässt sich dann gemeinsam mit Gleichgesinnten erreichen?

In den Anfängen meiner Reise fühlte ich mich oft einsam. Zwar teilte ich meine Erlebnisse und Eindrücke mit meinem engen Umfeld, doch Worte konnten die Tiefe und Intensität meiner Erfahrungen nie ganz erfassen. Es war mehr als nur das Äußere, das ich erlebte – es war ein innerer Wandel, den ich niemandem vollständig vermitteln konnte. »Wer nicht dabei war, kann es nicht verstehen«, dachte ich mir oft und verschloss mich mit meinen tiefsten Empfindungen.

Einen Mentor, der mich auf diesem Weg hätte begleiten können, fand ich nicht. Stattdessen fühlte ich mich auf mich allein gestellt. Doch dann, wie aus heiterem Himmel, traten plötzlich Menschen in mein Leben, die mich fanden, ohne dass ich aktiv nach ihnen gesucht hätte. Sie wollten sich mir anschließen und teilten meine Vision einer menschlicheren Welt.

Julian, Benni und ich – drei grundverschiedene Charaktere, die durch die gleiche Vision zusammengebracht wurden. Julians Draufgängertum und Abenteuerlust verbinden sich mit Bennys rationalem und analytischem Denken und ergänzen meine Art. Die Individualität jedes Einzelnen stärkt und bereichert unsere Gemeinschaft.

»Humanvoll« sind aber nicht nur wir drei, sondern die gesamte Community in den sozialen Medien, die durch ihre Geschichten, Erlebnisse und Erfahrungen die Vision von Menschlichkeit unterstützt und lebt. Vereint durch diese gemeinsame Identität bilden wir eine starke Gemeinschaft, die sich für ein menschlicheres Miteinander einsetzt. Das hält mich daran, entschlossen weiterzumachen.

Gemeinschaft vs. Individualität

Unser Leben spielt sich zwischen zwei Polen ab: der Individualität und den Gemeinschaften, in denen wir uns bewegen und denen wir angehören. Beide erfüllen grundlegende Bedürfnisse: Einerseits sehnen wir uns nach Zugehörigkeit, nach Verbundenheit mit anderen Menschen und dem Wissen, Teil von etwas Größerem zu sein. Wir suchen nach Austausch, nach gegenseitiger Unterstützung und dem Gefühl, in einer Gruppe akzeptiert und wertgeschätzt zu werden.

Andererseits streben wir nach Freiheit und Einzigartigkeit, danach, unsere eigene Persönlichkeit zu entfalten und unsere individuellen Träume zu verwirklichen. Wir wollen unsere eigenen Entscheidungen treffen, unsere Talente und Fähigkeiten entwickeln und unseren eigenen Weg im Leben gehen. Das Spannende daran ist, dass Gemeinschaft und Individualität keinen Widerspruch darstellen.

Tatsächlich vereinen wir in unserer Identität beide Aspekte. Unsere Individualität zeichnet sich durch die persönlichen Werte aus, die wir mit der Menschlichkeit und ihren zwischenmenschlichen Eigenschaften verbinden. Menschen, die beide Seiten ausgeprägt leben, finden es daher einfacher, zwischen diesen Polen zu navigieren. Im Idealfall ergänzen und stärken sie sich sogar gegenseitig.

Leider erleben wir heutzutage oft eine Entkopplung dieser beiden Aspekte.

Das Motto unserer heutigen Gesellschaft, das niemand aussprechen möchte, lautet: »Gemeinsam einsam«.

Obwohl wir durch moderne Technologie verbunden sind, fehlt uns echte Verbindung. Unser Gehirn kann nicht zwischen tatsächlichen und virtuellen Begegnungen unterscheiden, weshalb wir dem Körper vormachen, sozial zu sein. Wenn du mit deinem Handy auf der Toilette sitzt, denkt dein Gehirn, dass du gerade unter Menschen bist. Lass diesen Gedanken auf dich wirken.

Das Wort »Gemeinschaft« ruft ein Gefühl von Zusammengehörigkeit und Positivität hervor. Es steht für Solidarität und Heimat. Niemand würde behaupten, dass Gemeinschaft unwichtig oder bedrohlich sei.[56]

Aber was ist eine Gemeinschaft? Eine Gemeinschaft besteht aus Menschen, die eine verbindende Identität teilen. Sie fördert unsere eigene Identität, zeigt, wofür wir stehen, und bietet gegenseitige Unterstützung unserer Werte. Die Gemeinschaft prägt unser Verständnis von Gut und Böse, und wir orientieren uns an ihr. Sie kann aus Familie, Freunden, Nachbarn, Vereinen, Freiwilligengruppen, religiösen Organisationen, Ehemaligen-Netzwerken oder Kollegen bestehen.[57]

Bei der Individualität ist es wichtig, sie vom Individualismus abzugrenzen. Während Individualität unsere Persönlichkeit in Richtung Unabhängigkeit und Freiheit entwickelt, zeichnet sich Individualismus durch ein selbstzentriertes und egoistisches Weltbild aus. Leider werden diese Begriffe oft vermischt.

In vielen westlichen Gesellschaften wird Individualität als positiv angesehen – und das zu Recht. Doch das Problem entsteht, wenn Unabhängigkeit fälschlicherweise mit Egoismus gleichgesetzt wird. Egoismus bedeutet, das eigene Ego auf Kosten anderer zu stärken – ein Selbstwertgefühl, das von äußeren Faktoren gesteuert wird.

Diese Fehldeutung hat historische Wurzeln. Während sich die Menschheit im Westen aus alten Strukturen befreit hat, in denen die Zugehörigkeit zu einer bestimmten gesellschaftlichen Schicht oder Gruppe das Denken und Handeln bestimmte, entwickelte sich eine Form der Freiheit, in der der Einzelne aus seiner eigenen Individualität heraus handeln kann. Diese Entwicklung hielt jedoch nicht bei der Freiheit an, sondern drängte bis zum Egoismus durch.

Sogar Unternehmen haben diesen Trend erkannt und bieten personalisierte Produkte an, nutzen auf Personen zugeschnittene Algorithmen auf Plattformen wie Netflix und Amazon und schaffen Produkte mit Statussymbolen für das Ego. Kundenkarten mit Belohnungen sind ein weiteres Beispiel. Diese werden zwar als Belohnung für die Treue zur Gemeinschaft verkauft, doch letztendlich belohnen sie die Loyalität nur mit einem Lockangebot von Treuepunkten.

Eine echte Gemeinschaft fördert kein Ego, sondern hält es in Schach, indem sie uns daran erinnert, dass wir nicht allein sind. Familien, Arbeitskollegen, Sportvereine und andere Gemeinschaften machen uns deutlich, dass sich nicht alles um uns dreht. Gemeinschaft und Individualität sind zwei Seiten derselben Medaille.

Gemeinschaft fördert Individualität, indem sie persönliche Talente und Vorlieben nutzt und fördert.

Gleichzeitig stärkt Individualität die Gemeinschaft, indem Menschen mit ähnlichen Werten zusammenkommen und ihre Identität gemeinsam unterstützen. Die Magie entsteht, wenn sich Individuen verbinden und eine gemeinsame Kraft entfesseln. So entstehen soziale Veränderungen. Die Identität und damit die Bestrebungen des Einzelnen können auf die Gruppenidentität abfärben. Wenn sich dieser Gruppe nach und nach immer mehr Menschen mit ähnlichen Vorstellungen anschließen, kann sich die Gruppenidentität wiederum auf die Gesellschaft abfärben.

Gemeinschaften können nicht nur die Gesellschaft prägen, sie befreien uns auch von spezifischen, gesellschaftlichen Zwängen. Innerhalb der eigenen Gruppe fühlt man sich frei, ohne sich rechtfertigen zu müssen. Wir haben ähnliche Kleidungsstile, Musikrichtungen oder Essensgewohnheiten – es gibt Fleischesser, Vegetarier, Veganer und vieles dazwischen. In seiner Gruppe muss sich niemand rechtfertigen, warum sie oder er tierische Produkte isst oder eben nicht. Natürlich vermischen sich auch Gemeinschaften innerhalb von Gemeinschaften. Ein Buchclub kann Fleischesser und Veganer umfassen, aber das Hauptthema sind hierbei Bücher, nicht die Ernährung. Und Ernährungsbücher, die werden wahrscheinlich gemieden.

Die immense Bedeutung von Gemeinschaft wird erst erkannt, wenn sie fehlt. So ist es leider häufig im Leben. Das Gefühl, von anderen getrennt zu sein, beeinträchtigt unsere Selbstwahrnehmung und hat einen signifikanten Einfluss auf unsere emotionale Gesundheit: Einsamkeit, Schlafstörungen, Herzkrankheiten und ein geschwächtes Immunsystem sind mögliche Folgen. Ohne Gemeinschaften gäbe es keine Menschen, die sich gemeinsam für Menschenrechte oder Umweltschutz einsetzen, oder Nachbarn, die dein Paket annehmen.

Gemeinschaft ist das Fundament unserer Gesellschaft. Sie ermöglicht es uns, unsere Kräfte zu bündeln und gemeinsam Großes zu erreichen.

Durch die Vernetzung und Koordination der individuellen Fähigkeiten und Ressourcen wird es möglich, komplexe Aufgaben zu bewältigen und Herausforderungen zu meistern.[58]

In Notfällen ist dies spürbar. Angenommen, ein Unfall ereignet sich: Sofort setzen wir den Notruf ab und hoffen auf schnelle Hilfe.

Und tatsächlich: Rettungswagen und Polizei treffen zügig ein. Ärzte und Pflegepersonal versorgen die Verletzten, während Polizisten den Unfallort absichern und den Vorfall dokumentieren. All dies ist nur möglich, weil sich Menschen für die Arbeit in diesen Gemeinschaften entschieden haben. Jeder Einzelne trägt seinen Teil dazu bei, dass im Ernstfall reibungslose Hilfe geleistet werden kann.

So ist es die Gemeinschaft, die unsere Gesellschaft am Laufen hält und uns Sicherheit und Geborgenheit bietet. Sie ist Ausdruck unserer Menschlichkeit und zeigt, wie viel wir erreichen können, wenn wir an einem Strang ziehen.

Das Identitätsmodell fußt ebenso auf der Gemeinschaft. Ohne sie gäbe es keine Orte und Menschen, an denen wir unsere Leitwerte leben und verwirklichen könnten. Ohne gelebte Werte wiederum keine Identifikation mit ihnen – und somit keine Identität.

Gemeinschaft bietet zudem den Nährboden für unsere persönliche Entfaltung. In ihr finden wir Raum, unsere Persönlichkeit zu entwickeln und uns mit anderen Menschen zu verbinden. Das erfüllt unser Leben wiederum mit Sinn und Bedeutung. Die positive Dynamik funktioniert jedoch nur, wenn man sich in den für sich passenden Gemeinschaften aufhält. Andernfalls kann man sich leicht an die Gruppe anpassen und sich selbst verlieren. Wir bleiben schließlich soziale Wesen, die akzeptiert und gemocht werden wollen.

Gemeinschaft finden

Sie können sich auf die unterschiedlichsten Arten und Weisen bilden – manchmal ganz unerwartet, wie in meinem Fall. Tatsächlich gibt es aber für fast jeden Typ Mensch bereits eine Gemeinschaft. Ob Facebook-Gruppen für Liebhaber von Aprilscherzen mit 2.080 Mitgliedern oder die Gruppe »Katzen Katzen Katzen« für Katzenfans mit stolzen 149.309 Mitgliedern – die Möglichkeiten sind vielfältig.

Der virtuelle Raum kann auch der Ausgangspunkt für neue Gemeinschaften werden. Zusätzlich bietet er sich an, um alte Freundschaften wieder aufzufrischen. Mir kommt es so vor, als würde es mit zunehmendem Alter schwieriger, neue Menschen kennenzulernen. Warum dann nicht alte, vernachlässigte Freundschaften online wiederbeleben? Wichtig ist, dass es dann nicht nur beim Online-Kontakt bleibt, sondern auch reale Treffen stattfinden, sei es zum gemütlichen Kaffeetrinken oder zu gemeinsamen Aktivitäten.[59]

Eine weitere bedeutende Quelle für Gemeinschaften ist das Ehrenamt. Von der Nachbarschaftshilfe bis hin zu aktivistischen Gruppen gibt es eine breite Palette an Möglichkeiten, sich zu engagieren und mit Gleichgesinnten in Kontakt zu kommen. Auch Sportvereine, vom Tai-Chi-Kurs bis zum Volleyballclub, fördern den Zusammenhalt und bieten Gelegenheiten für gemeinsame Erlebnisse.

Dabei muss immer gelten, dass du in einer Gemeinschaft du selbst sein kannst. Es ist völlig in Ordnung, wenn du nach einiger Zeit feststellst, dass eine bestimmte Gemeinschaft doch nicht deinen Werten entspricht, und du dich entschließt, weiterzuziehen. Scheue dich nicht davor, verschiedene Gruppen auszuprobieren, bis du die richtige für dich gefunden hast.

Die Suche nach einer passenden Gemeinschaft kann manchmal entmutigend sein, doch die Mühe lohnt sich. Egal ob online oder offline, der erste Schritt ist immer, die eigene Komfortzone zu verlassen und auf neue Menschen zuzugehen. Es braucht Zeit, um neue Kontakte kennenzulernen und Vertrauen aufzubauen. Doch mit der Zeit wächst das Gefühl der Zugehörigkeit und Geborgenheit.

Enge Beziehungen stärken uns

Sobald man Beziehungen aufgebaut hat, ist es wichtig, diese auch zu pflegen. Oft scheitern Beziehungen genau daran. Im Laufe unseres Lebens lernten wir schon viele Menschen und Gruppen kennen, einige von ihnen schienen sogar vielversprechend und passend für uns zu sein. Und dann verblasst der Kontakt, und die Beziehungen verlaufen im Sande.

Es reicht nicht aus, einfach nur Mitglied in einem Verein zu sein oder sich hin und wieder mit Menschen zu treffen. Was eine

Gemeinschaft wirklich ausmacht, ist die Verbundenheit untereinander. Damit es dazu kommt, hat Psychologin Eva Wlodarek fünf Tipps zusammengestellt, die uns dabei helfen können, unsere Beziehungen zu stärken und sie zu vertiefen:[60]

1. **Bleibe aktiv und organisiere Treffen**
   Vergiss im Alltagstrott nicht, Zeit für Treffen einzuplanen. Verabrede dich regelmäßig und verbringt bewusst gemeinsame Zeit, um den Kontakt aufrechtzuerhalten. Wer sich nicht sieht, kann sich schnell entfremden. Manchmal ist Spontaneität gefragt. Nutze die Gelegenheit für einen gemeinsamen Spaziergang in der Mittagspause, wenn sich die Möglichkeit ergibt.

2. **Pflege gute Gespräche oder habt einfach Spaß**
   Gemeinsame Interessen stärken eure Beziehung. Höre aufmerksam zu und finde heraus, welche Themen euch beide interessieren. Das fördert nicht nur interessante Gespräche, sondern hilft auch dabei, Aktivitäten zu finden, die allen Freude bereiten. Die eine Person, der man es nie rechtmachen kann, lassen wir außen vor.

3. **Zeige kleine Aufmerksamkeiten**
   Selbst kleine Gesten der Wertschätzung können die Beziehung stärken. Eine selbst gemachte Marmelade, oder ein Buch, das du verschenkst, zeigen dem anderen, dass du ihn oder sie wertschätzt.

4. **Biete Hilfe an, wenn nötig**
   Sei da, wenn jemand Hilfe braucht. Je enger die Beziehung ist, desto mehr Unterstützung kannst du anbieten. Aber auch in weniger engen Beziehungen zeigt deine Bereitschaft zur Unterstützung, dass man sich auf dich verlassen kann. Du musst nicht direkt den ganzen Umzug mitplanen; auch die

Empfehlung einer Umzugsfirma oder eine hilfreiche Adresse kann viel bedeuten. Neben praktischer Hilfe kann auch emotionale Unterstützung bedeutsam sein.

5. **Rede positiv über die Person oder die Gemeinschaft**
   Betone immer die positiven Seiten der Beziehung, auch bei Meinungsverschiedenheiten. Negative Äußerungen können die Gemeinschaft belasten. Sprich stattdessen über schöne Momente und die Dinge, die du an der Beziehung schätzt. Indem du positiv sprichst, wird die Beziehung in deinen Augen wertvoller und du erhöhst deine Motivation, dich in die Gemeinschaft einzubringen. Bist du stattdessen ständig genervt? Dann überlege, ob du dich in der richtigen Gemeinschaft aufhältst.

Erfüllende Verbindungen schützen uns

Die Qualität unserer Beziehungen zeichnet diejenigen aus, die trotz aller Widrigkeiten lachen und Fremde umarmen, und hebt sie deutlich von der übrigen Gesellschaft ab. Erfüllende und bedeutsame Verbindungen steigern unser Wohlbefinden erheblich.

Glücksforscher Biswas-Diener führte Interviews mit Obdachlosen in Fresno, Kalifornien, und Prostituierten in den Slums von Kalkutta, Indien. Obwohl die Menschen in Fresno besseren Zugang zu Nahrung, Unterkunft und kostenloser Gesundheitsversorgung hatten, waren die Prostituierten in Kalkutta glücklicher. Warum?[61]

Biswas-Diener kommt zu dem Schluss, dass ein erfülltes Leben mehr ist als nur Glück. Er erklärt, dass die Armen in Kalkutta trotz ihrer Widrigkeiten ein Leben führen, das für sie Bedeutung hat. Die Prostituierten in Kalkutta haben starke soziale Bindungen und regelmäßigen Kontakt zu ihren Familien, was ihnen hilft, effektiver mit Elend, Verfall und Degradierung umzugehen.

Starke soziale Beziehungen bieten Bedeutung und Momente der Freude inmitten des Sturms, sodass man sich geschützt und unversehrt fühlen kann, selbst wenn Zerstörung um einen herum wütet.

Sie schaffen Bedeutung und Wohlbefinden. Soziale Interaktionen sind entscheidend, da sie die Bausteine für gute Beziehungen bilden. Selbst wenn sie nicht immer zu engen Verbindungen führen, sind sie die Sprungbretter für die besten und schlimmsten Momente unseres Lebens. Das Gefühl, von anderen Menschen abgelehnt und verletzt zu werden, kann intensiven, anhaltenden Schmerz verursachen. Andererseits bringt das Gefühl, von anderen Menschen akzeptiert und umsorgt zu werden, den größten Trost.

In engen Beziehungen wachsen wir, und dieser Wandel zeigt sich deutlich. Nachdem Menschen sich verliebt haben, zeigen sie eine größere Vielfalt an Eigenschaften, um sich selbst zu beschreiben, als zuvor. Die Liebe erweitert ihre Selbstwahrnehmung; ihr Selbstbild expandiert. Verheiratete Partner verwenden häufiger den Begriff »wir« als das Wort »ich«, wenn sie über ihre Beziehung sprechen, im Vergleich zu Liebenden in den ersten Monaten ihrer Beziehung. Ein Gefühl der »Einheit« beginnt sich zu entwickeln, während Partner ihr Leben teilen und gemeinsam wachsen.

Diese Vereinigung hat positive Auswirkungen, wie eine Studie zeigt: Liebende, die mehr von ihrem Leben mit ihrem Partner teilen und die Welt ihres Partners in ihr eigenes integrieren, sind eher noch nach drei Monaten zusammen. Sie zeigen auch größere Intimität, Engagement und Leidenschaft.[62]

Dieser Prozess der Selbstentfaltung in engen Beziehungen ist nicht auf romantische Beziehungen beschränkt. Forschungsergebnisse zeigen, dass wir infolge einer dauerhaften Freundschaft viele der Eigenschaften, Interessen und Werte unserer Freunde als Teil von uns betrachten. »Du wirst von dem geprägt, mit dem du dich umgibst« – daher sollte man vorher überlegen, mit welchen Menschen man eine Beziehung eingehen mag.[63]

Es wird interessant: Wenn sich unser Leben mit dem eines anderen verbindet, löst das eine Reaktion in unserem Gehirn aus. Neurowissenschaftler wollten herausfinden, ob der Teil unseres Gehirns, der aktiv wird, wenn wir an uns selbst denken, auch aktiv wird, wenn wir an eine befreundete Person denken. Tatsächlich ist dies der Fall. Bei Menschen in engen Beziehungen leuchtete die Gehirnregion, die mit dem Selbst verbunden ist, auf, wenn sie den Namen ihres engen Freundes hörten. Wenn lediglich ein vertrauter Name gehört wurde, passierte dies nicht.[64]

Dein Gehirn passt sich an und entwickelt neue neuronale Verbindungen, um die Menschen einzubeziehen, die dir am meisten bedeuten. Dieser Prozess führt zu einer buchstäblichen Veränderung deines Gehirns als Ergebnis dieser Erfahrungen.[65]

Introvertiert vs. extrovertiert

Auf dem Vorplatz des eindrucksvollen Kölner Doms montiert Julian gerade die Fotokamera auf ein Stativ. Einige Meter entfernt versuche ich, inmitten des ständigen Flusses von Touristen und Einheimischen, Passanten anzusprechen. Ich versuche, Menschen für unser neues Projekt zu begeistern, doch die meisten reagieren genervt oder meiden bewusst meinen Blick.

Mit einem Hauch von Resignation fällt mir ein junger Mann auf, der entspannt mit Kopfhörern in den Ohren an Julian vorbeischlendert. Seine freundliche Ausstrahlung zieht mich an. Ich sammle meinen Mut und gehe zügig auf ihn zu. Als er meinen entschlossenen Blick bemerkt, nimmt er einen Kopfhörer heraus und schaut mich neugierig an.

»Hey, hast du einen Moment Zeit?«, frage ich ihn. »Wir würden dich gern für ein Projekt fotografieren«, erkläre ich, während ich auf Julian und seine Kamera deute.

»Ja, klar«, antwortet er spontan.

Ich freue mich über die erste Zusage – der Anfang ist gemacht. Gemeinsam gehen wir zu Julian, der den jungen Mann vor der Kamera positioniert. Er bemüht sich, konzentriert und freundlich in die Linse zu lächeln. Erst jetzt erkläre ich ihm das Thema unseres Projekts.

»Wir nennen es ›Schöne Dinge Kölns‹«, sage ich und bin gespannt auf seine Reaktion.

Er schaut mich an, dann zur Kamera, und ein heiteres Lachen bricht aus ihm heraus. »Schöne Dinge in Köln? ... Klasse«, sagt er. In diesem Moment drückt Julian den Auslöser und fängt ein lebensfrohes Foto ein. »Und ich bin schön?«, fragt er mit einem Augenzwinkern und einem Hauch von Überraschung.

»Ich mag dein sympathisches Gesicht«, antworte ich.

Er grinst und bedankt sich.

»Das war's auch schon, danke«, sagt Julian abschließend.

Der junge Mann erkundigt sich noch, wo man das Projekt sehen werden kann, und ich zeige ihm den Kanal von »humanvoll«.

So durchstreife ich den Platz, auf der Suche nach weiteren Freiwilligen, und mit jedem Lächeln entsteht ein neues Foto.

Unser Projekt hatte zwei ehrgeizige Ziele: Wir wollten den Menschen ein Kompliment machen und zeigen, dass jeder seine eigene Schönheit besitzt. Außerdem wollten wir die einmalige Schönheit des Lachens einfangen, weshalb Julian genau in dem Moment auf den Auslöser drückte, als das Projektthema genannt wurde.

Kurz zuvor hatten wir eine andere Aktion in Köln durchgeführt. Langsam bemerkte ich, wie meine Energie zusehends schwand. Die Vielzahl an Begegnungen und Gesprächen entleerte meine soziale Batterie, und es fiel mir immer schwerer, auf fremde Menschen zuzugehen.

>> Julian, ich kann nicht mehr!<<

Ich erreichte den Punkt, an dem Körper und Geist gleichermaßen erschöpft waren. Er verstand sofort, denn er kannte mich bereits gut. So beschlossen wir, an diesem Tag aufzuhören und nach Hause zu gehen. Das gelungene Projekt veröffentlichten wir einige Tage später.

Der renommierte Psychoanalytiker Carl Gustav Jung erkannte, dass Menschen ihre Energie aus zwei verschiedenen Quellen beziehen: aus dem Kontakt zur Außenwelt und aus ihrer inneren Welt. Das Konzept der Intro- und Extroversion ist daher ein energetisches Konzept, das aber nichts mit Esoterik zu tun hat. Extrovertierte tanken ihre Energie durch soziale Interaktion, während Introvertierte durch Zeit für sich selbst auftanken.

Diese Unterschiede zeigen sich auch in den Charakterzügen der beiden Gruppen. Extrovertierte sind oft gesellig, spontan und risikofreudig, Introvertierte hingegen tendenziell ruhiger, konzentrierter und einfühlsamer. Diese Unterschiede haben genetische Ursachen, welche die Funktionsweise unserer Gehirne beeinflussen. Die jeweilige Veranlagung entscheidet darüber, ob wir eher introvertiert oder extrovertiert sind, und deshalb auch, wie wir unsere Individualität zum Ausdruck bringen.

Bei Extrovertierten ist der Teil des Nervensystems, der für Kampf und Flucht zuständig ist, stärker aktiv, was zu einem Drang nach Aktivität führt. Ihr Gehirn sucht nach Dopamin, einem Neurotransmitter dieses Nervensystems, weshalb sie anfälliger für Suchtverhalten sind. Der hohe Input aus der Außenwelt stimuliert sie und gibt ihnen das Gefühl von Energie und Befriedigung.

Auf der anderen Seite ist bei Introvertierten der parasympathische Nerv, auch bekannt als Ruhenerv, stärker aktiv. Ist sein Neurotransmitter Acetylcholin zu niedrig, kann dies bei Intros zu Stress, Angstzuständen und einer Fixierung auf Gewohnheiten führen.[66]

Aufgrund meiner Aktionen könnte man annehmen, ich sei ein extrovertierter Mensch. In Wirklichkeit bin ich eher introvertiert, und es fällt mir schwer, auf Fremde zuzugehen. Als introvertierter Mensch spüre ich sehr genau, wie meine Energie schwindet, wenn ich mich pausenlos im Trubel der Gesellschaft befinde. Soziale Interaktionen sind zwar belebende Kraftquellen, doch mein Inneres sehnt sich nach Stille und Einsamkeit, sobald die Phasen der Geselligkeit überhandnehmen.

Alleinsein bedeutet für mich nicht Einsamkeit, sondern vielmehr eine bewusste Hinwendung zu meinem Selbst. In diesen Momenten der Zurückgezogenheit praktiziere ich aktiv Selbstmitgefühl. Ich schenke meinem Äußeren Aufmerksamkeit, als Zeichen der Wertschätzung für mich selbst, oder lese ein Buch und bringe meinen Körper mit Sport in Schwung. Dabei geht es mir längst nicht mehr darum, sportliche Höchstleistungen zu erbringen, um gesellschaftlichen Idealen zu entsprechen.

Wenn ich meine Kopfhörer aufsetze und meinen Lieblingsliedern lausche, tauche ich ganz in mein Inneres ein, selbst umgeben von Menschenmassen. Im Fitnessstudio fokussiere ich mich ganz auf die Übungen und die Empfindungen in meinem Körper. Nur ab und zu unterbricht mich jemand mit der Frage, wie lange ich noch an einem Gerät trainieren werde. Doch schnell finde ich wieder zu meiner inneren Mitte zurück.

Abende allein mit mir selbst sind für mich heilige Zeit. Ich zünde Kerzen an, schneide Käse und Oliven zurecht und genieße mein geliebtes Ingwergetränk. Es ist ein Date mit mir selbst, und diese Termine stehen fest in meinem Kalender. Der Rückzugsort, den ich liebevoll »Allein mit mir« nenne, nährt einen der Abendwerte: (Selbst-)Mitgefühl.

Natürlich profitieren auch extrovertierte Menschen von Momenten der Stille, allerdings benötigen sie diese in der Regel seltener als introvertierte. Anstatt sich zurückzuziehen, tanken sie Energie durch soziale Kontakte, die sie aktiv in ihren Alltag integrieren.

Die Art und Weise, wie wir unsere Zeit gestalten, ist Ausdruck unserer individuellen Bedürfnisse und Persönlichkeiten. Sowohl Introvertierte als auch Extrovertierte profitieren von einem ausgewogenen Wechsel zwischen sozialen Interaktionen und Phasen des Rückzugs.

Indem wir auf unsere inneren Bedürfnisse achten und ihnen Raum geben, finden wir zu unserer persönlichen Balance und einer Quelle der inneren Kraft.

Ubuntu

Erinnerst du dich noch an den ersten Teil im Buch, in dem wir über die Illusionen im Leben sprachen, die uns bewusst sein sollten? Wir haben über die Illusion der Zeit gesprochen, deren Bewusstwerdung uns zu mehr Achtsamkeit im Moment verholfen hat; über die Illusion der Kontrolle, die uns lehrte, flexibel auf das Leben zu reagieren; über die Illusion der Identität, die wir gründlich diskutiert haben, mit den Rollen und Werten, die uns die Gesellschaft gibt, wenn wir nicht unsere eigene aufbauen; über die Illusion der Objektivität, die wir durch Mitgefühl und Nachsicht durchbrochen haben; und nun sprechen wir über die Illusion der Trennung, die uns zeigt, dass wir ohne die Gemeinschaft nicht vollständig sind.

Das Konzept der Individualität, das die Betonung des Selbstzentrierten beinhaltet, ist hauptsächlich in westlichen Ländern präsent. Doch wenn wir uns in anderen Kulturen umsehen, entdecken wir unterschiedliche Entwicklungen und erweitern unseren Horizont über die Grenzen unserer eigenen Denkmuster hinaus. Dies ist entscheidend, um aus unseren starren Denkweisen auszubrechen, und unsere Perspektive auf die Welt zu erweitern.

Bei Ubuntu handelt sich um ein lebensphilosophisches oder ethisches Konzept, das tief in den vorkolonialen Traditionen des südlichen Afrikas verwurzelt ist und als wesentlicher Bestandteil der afrikanischen Seinsweise gilt. Seit den 1990er-Jahren gibt es einen breiten Diskurs darüber, der auch international Beachtung findet. Spätestens seit der Friedensnobelpreis-Rede des anglikanischen Bischofs Desmond Tutu im Jahr 1984 fragen sich einige Menschen in Europa, was »Ubuntu« bedeutet. Der Begriff stammt aus den Bantusprachen Zulu und Xhosa und wird oft mit dem Satz »umuntu ngumuntu ngabantu« verbunden, was bedeutet:

>> *Ein Mensch ist ein Mensch durch andere Menschen.* <<

Das Prinzip von Ubuntu erkennt die untrennbare Verbundenheit aller Elemente der Welt – von den Lebenden über die Ahnen bis hin zu den Ungeborenen – und hebt die Wichtigkeit von Respekt und Anerkennung des anderen für ein harmonisches Zusammenleben hervor. Es wird als eine auf Gemeinschaft ausgerichtete afrikanische Weltanschauung betrachtet, die sich von der individualistischen Perspektive des Westens unterscheidet.

Ubuntu hat nicht nur ethische Bedeutung, sondern auch soziale und politische Relevanz im südlichen Afrika. Seit den 1990er-Jahren ist es ein zentraler Begriff im Kampf gegen die Apartheid und spielte eine wichtige Rolle im Versöhnungsprozess nach Jahrzehnten der Unterdrückung, während des Übergangs von einer rassistischen und undemokratischen Gesellschaft zu einer demokratischen Gesellschaft, insbesondere durch die Arbeit der Wahrheits- und Versöhnungskommission (TRC – Truth and Reconciliation Commission). Die Wiederentdeckung von Ubuntu war untrennbar mit der Umgestaltung Südafrikas nach dem Ende der Apartheid verbunden.[67]

Am Ende fand Ubuntu sogar seinen Platz im Nachwort der vorläufigen Verfassung Südafrikas. Dort heißt es: »Was gebraucht wird, ist Ubuntu und nicht Schikane«, wie es im Dokument von 1993 festgehalten ist.[68]

Um den Gedanken hinter Ubuntu näher zu erfassen, lasse ich jemanden sprechen, der während und nach der Apartheid in der afrikanischen Gesellschaft eine bedeutende Rolle bei der Wiederbelebung von Ubuntu spielte – Bischof Desmond Tutu. In einem Interview im Jahr 2009 wurde er nach der Definition des Wortes gefragt:

»Ubuntu bedeutet, dass ich dich brauche, um ich selbst zu sein, genauso wie du mich brauchst, um du selbst zu sein. Es sagt wirklich, dass wir miteinander verbunden sind. Denn siehst du: Ich würde nicht wissen, wie man als Mensch spricht, ich würde nicht wissen, wie man als Mensch geht, ich würde nicht wissen, wie man als Mensch denkt. All diese Dinge lerne ich von anderen Menschen. Also brauche ich tatsächlich andere Menschen, um menschlich zu sein. Kurz gesagt, sagen wir, ein Mensch ist ein Mensch durch andere Menschen. Es sagt wirklich, du und ich und wir alle sind Mitglieder einer Familie. Du kannst verstehen, dass du mein Bruder bist, sie ist deine Schwester, Menschen auf der ganzen Welt, ob ihre Hautfarbe dunkel ist wie meine oder hell wie deine, wir sind Mitglieder der menschlichen Familie und du wirst deiner Schwester, deinem Bruder nicht wehtun wollen. Du wirst nicht wollen, dass sie dir wehtun, und normalerweise passiert es in einer Familie nicht, dass Bruder und Schwester sich gegenseitig umbringen oder gewalttätig zueinander sind. Wenn es passiert, stimmt etwas in der Familie nicht. Also, ihr (jungen) Leute, die Zukunft der Welt liegt in euren Händen, ob sie eine fürsorgliche oder eine unbarmherzige Welt wird […]. Es hängt alles von euch ab. Wird es eine Welt sein, in der ihr wollt, dass eure Kinder aufwachsen, eine Welt mit freundlichen Menschen, mit mitfühlenden Menschen, mit sanften Menschen? Ihr entscheidet. Es liegt in euren Händen.«[69]

Des Weiteren sagt er, dass man sich bemühen muss, alles zu sein, was man sein kann, damit jemand anderes alles sein kann, was sie oder er sein kann. Die Menschlichkeit hänge mit der Menschlichkeit jeder Person zusammen. Der einzelne losgelöste Mensch sei im Grunde genommen ein Widerspruch in sich.[70]

Nelson Mandela illustrierte die aktive Haltung von Ubuntu in einer kurzen Anekdote: »Früher, als wir jung waren, hielt ein Reisender, der durch ein Land zog, in einem Dorf an, und er musste nicht nach Essen oder Wasser fragen: Sobald er anhielt, gaben ihm die Menschen Essen und unterhielten ihn. Das ist ein Aspekt von Ubuntu, aber es gibt viele verschiedene Aspekte davon.«

Die afrikanische Perspektive verdeutlicht eindrucksvoll, wie vielfältig das Verständnis menschlicher Verbundenheit sein kann. Die Bedeutung, die wir Gemeinschaften und jedem einzelnen Menschen beimessen, hängt unter anderem von kulturellen Einflüssen ab. Manche Orte dieser Welt betrachten die Gesellschaft als Mittel zum Zweck, um eine gewisse Ordnung aufrechtzuerhalten, andere nutzen sie als tieferes Verständnis von dem, wer wir sind. Mir scheint, dass in beiden Perspektiven die Wahrheit liegt.

Kapitel 7

HELFEN

Menschen glücklich machen und die wahre Freude des Lebens entdecken

---

Sonntagmorgen, die Sonne blinzelt durch die Vorhänge, während die meisten Menschen noch gemütlich in ihrem Bett träumen. Einige mussten heute schon früh den Pyjama mit ihrer Arbeitskleidung tauschen. Sie sind in der Alten- und Krankenpflege tätig, bei der Polizei, im Hotel, in der Landwirtschaft, sie fahren Taxi, fliegen im Flugzeug, kassieren an der Tankstelle, stehen hinter der Bar oder im Fast-Food-Restaurant. Egal, wo sie heute arbeiten: Sie alle sind für uns da, wenn wir sie an unseren freien Tagen brauchen. Deshalb sollten sie eine kleine Aufmerksamkeit bekommen, ein Dankeschön.

Kleine Gesten der Freundlichkeit

Mit diesem Gedanken steuere ich den Drive-in von Burger King an. In der Luft liegt der Duft von frisch gebratenen Burgern und Pommes. Angeschnallt auf dem Beifahrersitz liegen zwei Blumensträuße und hinter mir, hoffentlich auch angeschnallt, sitzt Julian. Als ich meine Fensterscheibe runtermache, ertönt eine nette Stimme aus dem allseits bekannten Lautsprecher. Begleitet von einem leisen Rauschen und Knacken sagt sie: »Willkommen bei Burger

King, Ihre Bestellung bitte.« Ich bestelle zwei Cappuccini, einen für Julian und einen für mich. »Kommt sonst noch was dazu?« Ich verneine. »Das macht dann 4,58 Euro. Bitte fahren Sie zum nächsten Fenster vor.«

Am Schalter finde ich eine sympathische junge Frau vor, der ich ein Kompliment für ihre Stimme mache. Das muss man bei den Lautsprechern erst einmal haben. »Mit Ihrer Stimme könnten Sie beim Radio arbeiten.« Sie bedankt sich und lächelt mich verlegen an. »Mögen Sie Blumen?« – eine rhetorische Frage, die ich stelle, aber sicher ist sicher. Sie sagt »Ja«. Erleichtert, dass sie nicht allergisch ist, greife ich nach einem der Blumensträuße neben mir. »Darf ich Ihnen die Blumen schenken?«, frage ich vorsichtig und halte den Strauß zu ihr hin. Sie wirkt noch verlegener und lacht. »Danke schön, das ist sehr lieb«, antwortet sie, während sie die Blumen in ihren Händen anschaut. In diesem Moment fährt ein Auto an den Bestellterminal, gibt seine Bestellung auf und wartet hinter mir.

Mit der EC-Karte bezahle ich die Cappuccini und nehme die zwei heißen Becher entgegen. Als sie mir gerade einen schönen Tag wünschen wollte, stoppe ich sie: »Moment, bevor ich wegfahre …«, und positioniere noch kurz die Heißgetränke sicher im Auto. »… und zwar würde ich gern für die Person hinter mir bezahlen. Ist das möglich?« – »Oh«, die Augenbrauen heben sich überrascht. Aus dem Lächeln wird ein Staunen. »Ja«, bestätigt sie mir. »Das geht.« Ich bezahle für die Bestellung und frage nach einem letzten Gefallen. Ich greife erneut zur Seite und nehme den zweiten Blumenstrauß in die Hand. »Können Sie mir noch einen Gefallen tun und der Person hinter uns diese Blumen schenken?« Ihr breites Lächeln färbt auf mich ab. »Ja, sehr gern«, entgegnet sie mir. Eine kleine Kamera filmt von der Beifahrerseite die ganze Aktion.

Ich erkläre der verwunderten Dame, dass ich einen Kanal namens »humanvoll« habe und dort zeige, wie man mit Kleinigkeiten andere Menschen glücklich machen kann. Um das Material in die sozialen Medien stellen zu können, frage ich höflich nach ihrer Erlaubnis. Nachdem sie den Namen des Kanals noch einmal bestätigt haben wollte, stimmt sie erfreulicherweise zu und wünscht uns einen schönen Tag.

Ich frage mich, welche Gedanken dem Autofahrer hinter uns wohl durch den Kopf gingen: die überlange Wartezeit für lediglich zwei Kaffeebecher, gefolgt von der Übergabe eines Blumenstraußes.

Wir fahren einige Meter nach vorn, während Julian sein Handy zückt und filmt, wie die Dame strahlend die Blumen an den Fahrer des Autos hinter uns übergibt. Als wir davonfahren, hebt der Mann im Auto seine Hand zum Zeichen des Dankes. Am selben Tag erreicht mich auf meinem Kanal eine unerwartete Nachricht. Anscheinend wurde der Name meines Kanals weitergegeben:

»Hi, hast du heute meine Burger-King-Bestellung bezahlt und mir dazu noch Blumen geschenkt? Vielen lieben Dank 🙏 Was für eine Überraschung! Ich habe mich direkt davon inspirieren lassen und den nächsten Kunden ein Essen geschenkt 🍔 Liebe Grüße, Sylvain«

Stell dir vor, du lächelst einen Fremden an. Nur ein kleines bisschen Freundlichkeit liegt in dieser Geste, mehr nicht. Was du nicht siehst: Dein Lächeln kann der Funke sein, der seinen Tag verändert. Ein Lächeln zurück, ein kurzes Gespräch, vielleicht sogar ein Lachen. Diese winzige Interaktion kann eine Welle in Gang setzen, die unsichtbar für unsere Augen, doch voller positiver Auswirkungen sein kann. Eine gute Tat führt zur nächsten.

Denn die Kraft einer guten Tat liegt nicht nur in der unmittelbaren Freude, die sie bereitet. Sie inspiriert, sie ermutigt, sie pflanzt ein Samenkorn der Hoffnung.

Menschen, die selbst beschenkt wurden, neigen dazu, diese Großzügigkeit weiterzugeben. Aus einem glücklichen Moment kann ein hilfsbereiter Akt werden, aus einem Lächeln eine helfende Hand.

Ich erlebe es immer wieder: Eine kleine Geste kann ungeahnte Folgen haben. Jemand, dem wir Mut machen, findet vielleicht den Antrieb, seine Probleme anzupacken. Ein aufmunterndes Wort kann jemandem Kraft geben, der mit Zweifeln kämpft.

Denke daran: Jeder Mensch kämpft mit seinen eigenen Herausforderungen, großen oder kleinen. Wir wissen nie, welche Lasten jemand auf den Schultern trägt. Doch mit unseren Taten, unseren Worten, unserem Lächeln können wir kleine Lichtblicke in den Alltag anderer bringen. Und wer weiß, welche unsichtbaren Wellen diese kleinen Lichtblicke erzeugen?

Mit einem Stapel handgeschriebener Zettel in der Hand schlendere ich durch die belebten Straßen der Stadt. Jeder Zettel trägt einen kurzen, inspirierenden Spruch, sorgfältig ausgewählt, der darauf wartet, ein Lächeln auf ein fremdes Gesicht zu bringen.

Ich nähere mich einer älteren Dame, die auf einer Parkbank sitzt. »Ich habe etwas für Sie«, sage ich freundlich und halte ihr einen Zettel hin. Skeptisch mustert sie mich, bevor sie ihn zögernd entgegennimmt. »*Du selbst zu sein, inspiriert andere, das Gleiche zu tun*«, liest sie und ein warmes Lächeln breitet sich auf ihrem Gesicht aus. Sie dreht sich zu einem Mann neben ihr um und zeigt ihm den Zettel. Was sie besprechen, bleibt mir verborgen, aber als ich mich umdrehe, strahlen beide mit einem verblüfften Lächeln.

In einer Seitenstraße gehe ich zu einem Mann hin, der in sein Handy vertieft ist. Auch ihm überreiche ich einen Zettel, diesmal mit der Aufschrift: »*Ich wette, du wirst eine Lösung dafür finden.*« Fragend schaut er auf den Spruch, bevor er nachdenklich den Zettel in die Tasche steckt. Getrieben von meiner Neugier kehre ich einige Minuten später zurück. »Kann der Spruch Ihnen helfen?«, frage ich zaghaft. Er zögert, ringt sichtlich nach Worten und gesteht mir schließlich seine Depressionen. »Genau diese Motivation habe ich gerade gebraucht«, sagt er mit zittriger Stimme. »Ich habe Gänsehaut bekommen, als ich das gelesen habe.« In diesem Moment erfasse ich die immense Kraft, die in einfachen Worten stecken kann. Ich gehe weiter.

Vor dem Rathaus sitzt eine Frau allein auf einer Bank. Mit einem Lächeln überreiche ich ihr einen Zettel, auf dem steht: »*Ich hoffe, dein Tag ist genauso schön wie du.*« Sie strahlt, zückt ihr Handy und schießt ein Foto von dem Spruch und sagt: »Es ist so süß, es hat meinen Tag verbessert!« Spontan bittet sie mich um eine Umarmung und erklärt: »Diesen Zettel möchte ich unbedingt an jemand anderen weitergeben. Er hat mir so ein gutes Gefühl gegeben.«

Im Internet erreichen mich immer wieder Fragen, wie man anderen Menschen eine Freude bereiten kann, ohne den eigenen Geldbeutel zu belasten. Dieses Beispiel zeigt: Geschriebene Worte, ja, aber auch gesprochene, können Balsam für die Seele sein. Mit Bedacht eingesetzt können sie Freude verbreiten und Leid lindern. Kostenlos und doch so unglaublich wirkungsvoll.

Die schönsten Geschenke müssen nicht immer teuer sein. Manchmal reicht schon eine aufmunternde Nachricht, ein offenes Ohr oder ein ehrliches Kompliment, um jemandem den Tag zu versüßen – kleine Gesten der Freundlichkeit.

Die Freude, die wir schenken, bereichert nicht nur das Leben des Empfängers, sondern auch unser eigenes. Geben und Nehmen liegen eng beieinander, sodass beide Seiten vom Austausch der Freundlichkeit profitieren.

Fünf Wochen der Freundlichkeit

In einer beeindruckenden Studie[71] wurden Teilnehmer mit milden bis mittelschweren Depressions- oder Angstsymptomen zufällig in drei Gruppen eingeteilt, die jeweils eine bestimmte Aufgabe über fünf Wochen erfüllen sollten:

1. **Erste Gruppe**: Diese Mitglieder wurden dazu ermutigt, an zwei Tagen pro Woche drei zufällige Freundlichkeiten zu praktizieren. Diese Akte der Freundlichkeit konnten von großem oder kleinem Ausmaß sein und hatten das gemeinsame Ziel, anderen zu helfen oder sie glücklich zu machen.

Von der simplen Geste, einem Fremden einen Kaffee zu kaufen, über das Backen von Keksen für Freunde bis hin zum Schneeschaufeln für den Nachbarn – die Möglichkeiten waren vielfältig.

2. **Zweite Gruppe**: Diese Teilnehmer wurden angewiesen, sich zwei soziale Aktivitäten pro Woche vorzunehmen und bewusst mit anderen Personen zu planen, um gemeinsam Freude zu erleben. Die gemeinsamen Unternehmungen sollten nicht nur zur Ablenkung dienen, sondern auch dazu beitragen, eine unterstützende und positive soziale Umgebung zu schaffen, die das Wohlbefinden der Teilnehmer stärkt.

3. **Dritte Gruppe**: Die Mitglieder wurden herausgefordert, ein Gedankentagebuch zu führen. Dieses Tagebuch diente als Werkzeug zur Aufzeichnung und Reflektion belastender Gedanken, mit dem Ziel, negative Denkmuster zu erkennen und zu verändern. Durch das bewusste Hinterfragen und Umformulieren von negativen Gedanken sollten sie lernen, eine konstruktivere Einstellung zu entwickeln und ihre mentale Gesundheit zu stärken.

Die Teilnehmer berichteten vor Beginn, während und fünf Wochen nach dem Ende der Studie über ihre Depressionen, Ängste, Stress, ihr soziales Unterstützungsnetzwerk, positive und negative Gefühle, Lebenszufriedenheit und ihr Maß an »Selbstbezogenheit« – also wie stark sie sich auf sich selbst konzentrieren und wie selbstbewusst sie in der Öffentlichkeit sind.

Die Ergebnisse der Studie zeigten durchweg positive Veränderungen in allen drei Gruppen: Rückgang der Depressionen und Ängste, weniger negative Emotionen und eine gesteigerte Lebenszufriedenheit. Jedoch profitierte die erste Gruppe, die sich der Freundlichkeit verschrieben hatte, am meisten davon, und dieser Effekt hielt sogar bis zu fünf Wochen nach Studienende an: Hier gab es die größte Reduzierung von Depressionen und Ängsten und es wurde die höchste Steigerung der Lebenszufriedenheit verzeichnet.

Jennifer Cheavens von der Ohio State University, die die Studie leitete, zeigte sich von den Ergebnissen erstaunt. Ursprünglich hatte sie erwartet, dass das Führen eines Gedankentagebuchs die effektivste Methode sein würde, da es eine bewährte Technik zur Bewältigung von Depressionen und Ängsten ist. Doch die Gruppe, die Freundlichkeit praktizierte, schnitt genauso gut oder sogar besser ab und erlebte gleichzeitig eine stärkere soziale Verbundenheit.

Warum können freundliche Taten psychische Symptome lindern? Freundlichkeiten verringern die Selbstbezogenheit in sozialen Situationen, was wiederum mit weniger Depressionen und Ängsten verbunden war. Freundliche Handlungen scheinen den Fokus von sich selbst abzulenken und auf das Wohl anderer zu lenken.

Wie man Freundlichkeiten im Alltag integriert

Freundlichkeit zu zeigen ist einfacher, als man denkt. Hier sind ein paar inspirierende Wege:

- Frage jemanden, wie sein Tag war.
- Lächle oder grüße jemanden, den du nicht kennst.
- Kaufe einem Fremden einen Kaffee.
- Schenke ein Kompliment.
- Setze dich zu jemand Neuem und stelle dich vor.
- Lasse jemandem im Bus deinen Platz einnehmen.
- Schreibe eine nette Nachricht.
- Teile dein Essen oder Snacks mit Kollegen.
- Beantworte online eine Frage im Forum.
- Und vergiss nicht deine Selbstfreundlichkeit / dein Selbstmitgefühl.[72]

Es bedarf nicht viel, um Menschen glücklich zu machen. Zusätzlich hat es noch einen unübertreffbaren Nutzen für uns selbst, denn wir machen dadurch auch uns selbst glücklich. Es ist ein Austausch, der uns reicher macht, auf eine Weise, die wir kaum vollständig erfassen können – eine Erfüllung, die »Sinn« genannt wird.

Sinn ist jener tief verwurzelte, persönliche Zweck, den wir unserem Dasein beimessen.

Ein sinnvolles Leben zu führen bedeutet, die Art und Weise zu verstehen, wie wir existieren können, sodass wir unser Leben als wertvoll und bedeutsam empfinden und eine tiefgreifende Zufriedenheit erfahren.

Auf diese Weise fühlen wir uns reich, unabhängig von materiellen Gütern.

Ich habe bereits mehrmals über Sinn, Sinnvolles oder Sinnhaftes gesprochen und auch über etwas Erfüllendes und Entfaltendes. Doch dabei bezog ich mich stets auf das Individuum: den Sinn in meinem eigenen Leben, mein Bestreben nach Erfüllung und Entfaltung. Paradoxerweise habe ich diese Aspekte oft im Kontext anderer Menschen erwähnt, so wie jetzt: Den eigenen Sinn finden, indem man andere Menschen glücklich macht.

Unser Leben ist voller Paradoxien:

- Wir sind soziale Wesen, aber dennoch individuell.
- Wir streben nach Freiheit, tragen jedoch Verantwortung.
- Wir suchen Sicherheit, sehnen uns aber nach Abenteuern.
- Wir wollen uns selbst verwirklichen, sollten jedoch auch selbstlos handeln.
- Wir streben nach Rationalität, doch auch Emotionen sind essenziell.
- Wir streben nach Wissen, während wir gleichzeitig unsere Unwissenheit akzeptieren müssen.
- Wir sehnen uns nach Ordnung, finden aber auch im Chaos Erkenntnis.

- Wir wollen Kontrolle über unser Leben, müssen jedoch auch loslassen können.
- Wir leben in der Realität, schöpfen aber auch aus unseren Vorstellungen.
- Und letztlich erleben wir Geburt und Tod.

Daher ist es nicht erstaunlich, dass das Selbst untrennbar mit anderen verbunden ist. Genauso ist unser Sinn eng mit unseren Handlungen gegenüber anderen verbunden. Unser Leben erhält dann Sinn, wenn wir es sinnvoll gestalten. Dies hängt davon ab, ob wir uns erlauben, authentisch zu sein, uns eine eigene Identität zu formen. Hierbei stoßen wir erneut auf das Paradoxon. Wir haben die Freiheit, unsere Identität zu gestalten, obwohl uns die Bestimmung des Menschseins auferlegt wurde. Doch diese Bestimmung ist keine Bürde, sondern ein Geschenk, das uns in unserer Freiheit eine gewisse Richtung weist und uns den Weg zum Sinn zeigt. Einige entscheiden sich vielleicht dafür, in eine andere Richtung zu gehen, auch das ist Teil unserer Freiheit.

Unsere Identität, geprägt von den kurzen Freuden des Lebens, den Morgenwerten und den nachhaltigen Freuden des Lebens, den Abendwerten, vereint in Individualität und Gemeinschaft, führt uns zu dem sinnvollen Leben. Das ist die Formel für die wahre Freude des Lebens.

Viele streben jedoch eher nach der flüchtigen Freude und denken, dass dies ausreichen würde. Sie denken, dass alleinig die Morgenwerte schon das Leben ausmachen: Sei es durch das Entdecken neuer Orte und Kulturen, das Sammeln faszinierender Erkenntnisse über die Welt, die Fürsorge für unsere körperliche Gesundheit oder einfach die Zeit in der Natur. Diese verschiedenen Facetten des Lebens können je nach persönlichen Prioritäten und Werten wertvoll sein, aber ohne die Menschlichkeit – die Abendwerte – fehlt ihnen ein zentrales Stück des sinnhaften Lebens.

Als ich Venedig besuchte, erfüllte mich die Schönheit dieses Ortes mit einer tiefen Freude. Das Erkunden neuer Orte und Kulturen ermöglicht es mir, einen meiner Morgenwerte zu leben: die Offenheit – gegenüber Menschen aus aller Welt. Doch als ich zurück in Deutschland war, verblasste diese Freude, und ich sehnte mich erneut nach Venedig, um das gleiche Glücksgefühl zu empfinden.

In ähnlicher Weise verhält es sich mit meinem Morgenwert der familiären Verbundenheit. Wenn ich Zeit mit den Menschen meiner Familie verbringe, die mir besonders am Herzen liegen, ist die Dauer unseres Zusammenseins nebensächlich. Die Freude, die daraus entsteht, ist von kurzer Dauer und muss nach jeder Trennung erneut genährt werden.

Diese Momente der kurzen Freude haben auch ihren Sinn, doch sollten sie nicht den gesamten Fokus unseres Lebens einnehmen. Es ist die langanhaltende, nachhaltige Freude der Menschlichkeit, die dem gegenübersteht und ebenfalls Platz braucht.

Wer dies begreift, erlebt sich in einer Veränderung vom Status quo, wer ich war, zum Status zwo, wer ich nun bin. Es ist die Weise, das Leben neu zu denken und auf sie deshalb neu zu reagieren. Die positive Nachricht ist, dass wir nicht abgeschottet in einem Tempel leben müssen, unser Hab und Gut verkaufen sollen und so bescheiden wie es nur geht leben müssen, uns für andere Menschen aufopfern müssen.

Das Leben, das wir leben, müssen wir nicht verändern. Nur womöglich, wie wir es leben.

Es mag zunächst überwältigend erscheinen, den Alltag zu meistern und zusätzlich an alles in diesem Buch zu denken. Wir haben ohnehin viel zu tun: Steuererklärungen, Einkäufe, Gesundheitsvorsorge, und dazu kommt noch die ständige Sorge um steigende Kosten und den Lebensunterhalt. Und jetzt verlange ich noch so viel mehr? Identität, Gemeinschaft, andere glücklich machen und irgendwas mit Ubuntu?

Ich bevorzuge es, direkt zum Kern zu gelangen und das Fazit oder die Lösung als Erstes zu Lesen, um Zeit und Mühe zu sparen. Doch manchmal ist das nicht möglich. In unserem Fall mussten wir einen Prozess durchlaufen, um Erkenntnisse zu gewinnen und einige »Aha-Momente« zu erleben. Ein solcher Prozess verändert uns durch ein umfassendes Verständnis und eine veränderte Perspektive. Wir beginnen, Dinge anders zu betrachten und ihnen mehr Aufmerksamkeit zu schenken, während einst bedeutende Aspekte nun an Gewicht verlieren.

Wahrnehmen und Reagieren

Sommerferien, Sonne im Herzen und unzählige Stunden im Auto auf dem Weg zu den Großeltern in Polen. Die lange Fahrt, die normalerweise als Inbegriff von Langeweile für jedes Kind galt, wurde zu einem echten Abenteuer, sobald mein Bruder und ich uns ablenkten: sei es mit unseren Gameboys oder dem Spiel »rotes Auto«.

Die Regeln waren simpel, der Reiz umso größer: Jedes Mal, wenn ein rotes Auto auf der Autobahn vorbeizog, galt es, als Erster »rotes Auto« zu rufen. Der Schnellste bekam den Punkt. Nach den ersten zaghaften Versuchen, bei der Menge an vorbeirauschenden Fahrzeugen die rote Farbe schnellstmöglich zu erkennen, stellte sich ein faszinierender Effekt ein: Die Flut der Autos aus Blech und Glas verblasste, unsere Wahrnehmung fokussierte sich auf die roten Punkte im Verkehrsstrom. Anfangs strengte die Konzentration an, doch mit jedem Kilometer, jedem roten Triumph, steigerte sich die Spielfreude und das Gespür für die kleinen roten Punktebringer auf der Straße. Die Landschaft verschwamm zu einem bunten Treiben, während wir uns in einem Wettstreit der Aufmerksamkeit befanden, der uns die lange Fahrt verkürzte.

»Rotes Auto« hallte es immer wieder durch den Wagen, begleitet von freudigem Gejubel und gelegentlichem Gemecker, wenn der andere schneller war. Das Spiel war mehr als nur ein Zeitvertreib, es war ein Ritual, das uns verband, uns in unserer gemeinsamen Welt versinken ließ und die Vorfreude auf die bevorstehenden Ferientage steigerte.

Das Spiel erinnert mich an die innere Veränderung. Anfangs mag der neue Fokus anstrengend sein, doch mit der Zeit wird er zur Routine, ohne dass wir es merken.

Wenn wir über Veränderung sprechen, ist es wichtig, sich auf etwas vorzubereiten. Selbst bei positiven Veränderungen sollten wir darauf gefasst sein, Sätze wie »Du hast dich verändert, du bist nicht mehr dieselbe Person« zu hören. Die Person, die solche Aussagen macht, mag Angst davor haben, uns durch unsere Entwicklung zu verlieren. Es ist wichtig, ihre Ängste zu akzeptieren, ohne dass sie unsere eigene Veränderung beeinflussen.

Durch die neue Sichtweise können wir Dinge in unserer Umgebung wahrnehmen, die uns sonst im Alltag entgehen würden. Wir erkennen Momente, die uns sonst verborgen geblieben und einfach an uns vorbeigegangen wären. Selbst wenn wir diese Momente bemerken würden, wüssten wir oft nicht, wie wir damit umgehen sollten, wie wir sie nutzen könnten. Was bringt es uns also, mehr wahrzunehmen und Situationen zu erkennen, wenn wir nicht wissen, wie wir darauf reagieren sollen?

Genau hier kommen die fünf Säulen beziehungsweise Werkzeuge ins Spiel, die es ermöglichen, diese Momente sinnvoll zu nutzen. Mit Mitgefühl, Nachsicht, Humor, Neugier und Hoffnung sowie unseren eigenen Werten können wir diese neu gewonnenen Momente zu etwas Positivem machen.

Unsere Veränderung ermöglicht es uns also, viel mehr zu sehen, und diese erweiterte Wahrnehmung befähigt uns nun, sinnvoll damit umzugehen. All dies rüstet uns nicht nur für das Helfen, sondern für etwas viel Größeres: das Helfen aus tiefster innerer Überzeugung.

Durch die neue Sichtweise erkennen wir nicht nur mehr Hilfsbedürfnisse, sondern verstehen sie auch besser. Mitgefühl und Nachsicht ermöglichen es uns, uns in die Lage anderer hineinzuversetzen und ihre Bedürfnisse zu erfassen. Humor und Neugier helfen uns, kreative Lösungen zu finden und neue Perspektiven einzunehmen. Hoffnung und unsere individuellen Werte geben uns die Kraft und Motivation, nachhaltig zu helfen.

> *So werden wir zu Helfern, die aus dem Herzen heraus handeln. Unsere Hilfe ist nicht oberflächlich oder gezwungen, sondern Ausdruck unseres tiefsten Seins. Wir helfen, weil wir es wollen, weil es uns wichtig ist und weil wir wissen, dass es richtig ist.*

Diese Art des Helfens ist nicht nur effektiver, sondern auch erfüllender. Sie schafft eine tiefe Verbindung zwischen uns und den Menschen, denen wir helfen. Sie macht die Welt zu einem besseren Ort und bereichert unser eigenes Leben.

Das Helfen ist von unfassbarer Besonderheit, denn es vereint alle Elemente: die Morgenwerte, die Abendwerte sowie die Individualität und die Gemeinschaft.

Helfen macht Sinn

Wie verbindet das Helfen verschiedene Elemente eines sinnerfüllten Lebens?

Morgenwerte: Wir haben nicht nur untersucht, was Morgenwerte sind, sondern auch, wo wir sie zum Ausdruck bringen können. Dies sind ideale Gelegenheiten, die nicht nur Freude und Werte vereinen, sondern die auch ideale Orte bieten, um unsere Hilfe anzubieten.

Abendwerte: In der Hilfe kann unsere Menschlichkeit zur völligen Entfaltung kommen. Wir können Mitgefühl zeigen, Nachsicht üben, Humor teilen, Neugier wecken und Hoffnung schenken. Die Handlung nach den Prinzipien der Menschlichkeit, als Herzstück des Menschseins, findet hier ihre Erfüllung.

Individualität: Unsere individuelle Lebensgeschichte macht uns zu Mentoren für andere Menschen. Unsere eigenen Erfahrungen werden zu einem Talent und einer Quelle der Unterstützung für Menschen, die ähnliche Herausforderungen durchleben. Wir können unserem eigenen Leid einen Sinn geben, indem wir erkennen, dass wir durch unsere Erfahrungen anderen helfen können. Unsere persönlichen Erfahrungen sind wichtig, um der Welt zu dienen. Aber auch unsere allgemeine Bildung und unsere Fähigkeiten gewinnen an Bedeutung, wenn wir sie nicht für uns behalten.

Gemeinschaft: Wir können innerhalb der Gemeinschaft helfen oder die Stärke der Gemeinschaft nutzen, um Hilfsprojekte zu schaffen, die für uns allein nicht umsetzbar wären. Gemeinsam können wir Großes bewirken, und doch zählt jede einzelne Person in diesem Prozess.

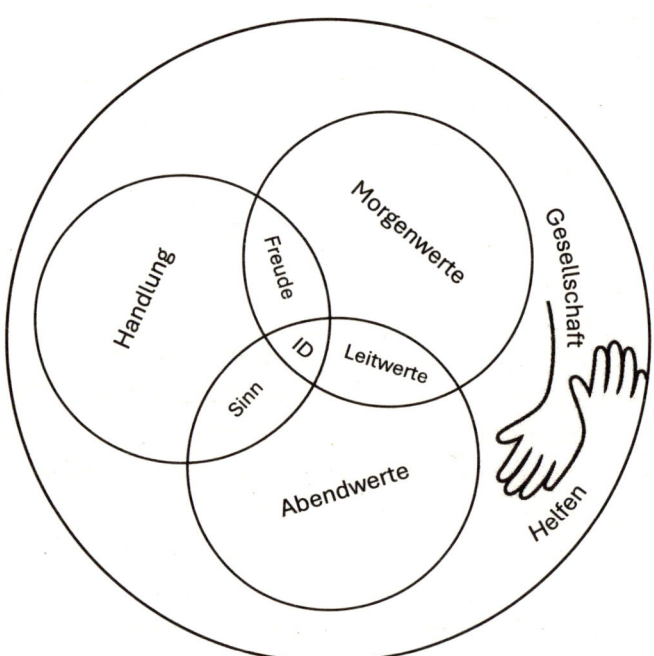

Erweiterung meines Identitätsmodells

Die Geste des Helfens sollte aus einer tiefen inneren Überzeugung heraus erfolgen. Nur so wird Hilfe zu einem Sinn und dieser Sinn zu einer Quelle der Lebensfreude. Andernfalls verkommt sie lediglich zu einer Verpflichtung oder einer Suche nach Selbstbestätigung. Verpflichtungen können erdrückend sein und Stress verursachen. Selbstbestätigung hingegen bedeutet, dass wir uns durch unser Helfen aufwerten möchten, wie es beim Helfersyndrom der Fall ist, auf das wir später noch eingehen werden. Hilfe aus den falschen Motiven heraus führt nicht zur Erfüllung; im Gegenteil, sie schafft eine Illusion darüber, wer wir wirklich sind. Wir täuschen uns selbst.

Doch Hilfe aus Überzeugung bedeutet etwas völlig anderes: Sie bedeutet, dem Gegenüber beim Wachsen zu helfen und dadurch selbst mitzuwachsen.

Warum wir nicht helfen

Es gibt viele Gründe, warum wir zögern könnten, jemandem zu helfen. Bei der Entscheidung, ob wir helfen sollen, führen wir oft eine Kosten-Nutzen-Analyse durch: Wir wägen ab, wie sehr uns die Hilfe emotional und physisch belastet und was wir persönlich davon haben. Wenn die emotionalen Kosten zu hoch erscheinen, etwa weil wir uns bedroht, unsicher oder nicht verantwortlich fühlen, sind wir weniger geneigt zu helfen.

Unter welchen Umständen sind wir denn eher bereit zu helfen? Wenn Menschen allein sind, zeigen sie oft mehr Mitgefühl und Hilfsbereitschaft als in einer Gruppe. Dieser sogenannte Zuschauereffekt erklärt, warum Hilferufe in einer Menschenmenge oft ignoriert werden. Einzelpersonen helfen eher, wenn der Aufwand gering ist und die Notlage der hilfesuchenden Person offensichtlich erscheint. Wir zögern, zu helfen, wenn wir glauben, dass die Person ihre Situation durch eigenes Handeln hätte vermeiden können. Die Zuschreibung von Verantwortung ist oft der Grund, warum wir Bettlern oder Menschen, die wir für selbst verschuldet in Not halten, keine Hilfe leisten.[73]

Unsere Bereitschaft zu helfen wird leider stark von oberflächlichen Ähnlichkeiten zwischen uns und der hilfsbedürftigen Person beeinflusst.

Diese Ähnlichkeiten können körperlicher, intellektueller oder geschlechtlicher Natur sein und auch die Zugehörigkeit zu bestimmten Gruppen betreffen. Wir neigen dazu, Menschen zu helfen, die uns ähnlich sind – sei es durch die gleiche Hautfarbe, die gleiche Sprache oder gemeinsame Hobbys, wie die Unterstützung desselben Fußballvereins. Je weniger Unterschiede wir erkennen, desto stärker fühlen wir uns mit der Person verbunden und zeigen mehr Empathie. Viele Formen der Hilfe, wie beispielweise Spenden, sind daher oft durch unsere Selbstwahrnehmung im Verhältnis zu anderen motiviert.[74]

Ein kleines Gedankenexperiment hierzu: Angenommen, du müsstest entscheiden, ob du eine Spinne oder eine Maus vor dem Tod retten sollst. Für welches Tier würdest du dich entscheiden? Statistisch gesehen würden die meisten von uns die Maus wählen, weil sie uns äußerlich näher ist als die Spinne.

Auch der Stress, als unser täglicher Begleiter, hat einen erheblichen Einfluss auf unsere Hilfsbereitschaft. Er wird in der Gesellschaft weniger als Problem angesehen, sondern als Zeichen von Erfolg. Wer mehr Stress hat, dem wird applaudiert: »Die Person macht was aus ihrem Leben, deshalb hat sie viel Stress« – so empfinden viele. Dass Stress nicht gut ist für uns, wissen wir alle. Welche Auswirkungen er aber tatsächlich hat, nur die wenigsten. Stress nimmt so viel Kraft in Anspruch, dass wir für das, was außerhalb unserer Aufgabenliste ist, keine Kapazitäten mehr zur Verfügung haben.

Wie Stress unsere Empathie beeinflusst

Angenommen, du beobachtest, wie jemand seine Hand in eiskaltes Wasser taucht – würdest du dann selbst einen Stich Schmerz verspüren? Für manche Menschen ist die Antwort eindeutig ja. Sie scheinen die Qual des anderen förmlich zu durchleben. Doch warum reagieren manche so empathisch, während andere kalt und distanziert bleiben?

In einer Studie[75] der McGill-Universität in Montreal, Kanada beobachteten Forscher 26 Studenten, die jeweils 30 Sekunden lang ihre Hand in Eiswasser tauchen mussten. Dies geschah entweder allein oder in Gegenwart eines Freundes oder Fremden, der ebenfalls die kalte Tortur durchlitt.

Nach dem Experiment bewerteten die Probanden ihr Schmerzempfinden und wurden gefilmt, um ihre Reaktionen später genauer analysieren zu können. Das Ergebnis war verblüffend: Sie empfanden den Schmerz deutlich stärker, wenn sie zusammen mit einem Freund litten. Bei Fremden hingegen blieb die Schmerzempfindung unverändert.

Der intuitive Gedanke »Geteiltes Leid ist halbes Leid« bewahrheitete sich also nicht. Was aber erklärt diese unterschiedliche Reaktion? Studienleiter Jeffrey Mogil vermutet, dass Stresshormone eine entscheidende Rolle spielen. In Gegenwart von Fremden schüttet unser Körper vermehrt Stresshormone aus, welche die Empathie blockieren.

Um diese Theorie zu testen, erhielten einige Teilnehmer Medikamente zur Unterdrückung der Stresshormone, während andere ein Placebo bekamen. Das Ergebnis war eindeutig: Ohne den Einfluss von Stresshormonen berichteten die Probanden von einem stärkeren Schmerzempfinden und zeigten auch in Gegenwart von Fremden mehr Empathie. Mogil folgert daraus, dass sozialer Stress die Empathie zwischen Fremden blockiert. Stress spielt also eine entscheidende Rolle dabei, ob und wie viel Empathie man für Fremde empfindet. Er beeinflusst unser Verhalten mehr, als wir denken.

Stresssucht

Obwohl Stresssucht[76] nicht offiziell als Suchtkrankheit anerkannt ist, gibt es viele Hinweise darauf, dass zahlreiche Menschen davon betroffen sind, und unsere Gesellschaft trägt dazu bei. Ähnlich wie Drogen stimuliert Stress die Erregungs- und Aufmerksamkeitszentren im Nervensystem, was bei andauernder Belastung süchtig machen kann. Mit anderen Worten: Ein chronischer Stress, der immer häufiger erlebt wird, könnte durch diese kleinen, euphorisierenden Schübe zur Abhängigkeit führen.

Wir fühlen uns ständig gezwungen, beschäftigt zu sein, um unangenehme Gefühle wie Langeweile, Einsamkeit und Traurigkeit zu vermeiden. Diese dauernde Beschäftigung erhöht jedoch die Wahrscheinlichkeit für chronischen Stress, Burn-out und Stresssucht, was auch oft durch selbst auferlegten Erfolgsdruck entsteht. Ein typisches Beispiel ist, wenn man trotz Krankheit nicht von der Arbeit fernbleiben möchte, weil man denkt, nicht fehlen zu dürfen. Auch der gesellschaftliche Druck, der von einer produktivitätsbesessenen Kultur ausgeht, hat Stress zu einem Symbol für Ehre und Erfolg gemacht. Das Ego wird durch ständige Beschäftigung gestärkt, da wir Erfolg oft mit Aktivität gleichsetzen.

Drei häufige Anzeichen für Stresssucht sind:

– Vermeiden von Ruhe und Entspannung
– Ständiges Überprüfen des Handys
– Zu allem »ja« sagen

Es ist wichtig zu beachten, dass diese Verhaltensweisen auch auf ein toxisches Arbeitsumfeld hinweisen können, in dem von einem erwartet wird, sich zu überanstrengen und ständig verfügbar zu sein. Wenn dein Vorgesetzter dir regelmäßig zu viel Arbeit aufbürdet oder erwartet, dass du auch außerhalb der Arbeitszeiten erreichbar bist, ist das kein Anzeichen von Stresssucht. Dennoch solltest du versuchen, klare Grenzen zu setzen und dich so weit wie möglich von arbeitsbedingtem Stress zu distanzieren.

Das deutlichste Symptom einer Stresssucht ist, dass man sich immer wieder selbst in stressige Situationen bringt, obwohl man die Möglichkeit hätte, sie zu vermeiden, während der Körper und der Geist eigentlich dringend eine Pause benötigen.

Stressbewältigung

Angesichts der allgegenwärtigen Belastungen des modernen Lebens ist es umso wichtiger zu wissen, wie man die Stresshormone niedrig hält. Zwar hat Stress durchaus seine berechtigten Funktionen im Körper, doch übermäßiger Stress kann dazu führen, dass wir die Kontrolle verlieren und nicht mehr wir selbst sind. Er beeinflusst uns so stark, dass wir uns darin verlieren.

Die effektivsten Methoden zur Stressbewältigung basieren auf den grundlegenden Bedürfnissen unseres Körpers:

- Ausreichend Schlaf
- Ausgewogene Ernährung
- Regelmäßige Bewegung

Indem wir diese Bereiche pflegen, legen wir die Basis für ein stressfreieres Leben.

Stress und Schlaf

Schlaf ist eine grundlegende menschliche Notwendigkeit, die es unserem Gehirn ermöglicht, sich zu regenerieren, und unserem Körper, sich zu erholen. Wenn wir nicht ausreichend oder nicht gut schlafen, entgehen uns wichtige Vorteile wie die Reparatur von Muskeln und die Festigung unseres Gedächtnisses. Schon geringfügiger Schlafmangel oder eine schlechte Schlafqualität können das Gedächtnis, das Urteilsvermögen und die Stimmung negativ beeinflussen.

Die meisten Menschen wären gesünder und besser gelaunt, wenn sie jede Nacht 60 bis 90 Minuten mehr schlafen würden. Wir merken, dass unser Stresspegel steigt, wenn wir nachts weniger und schlechter geschlafen haben: Reizbarkeit, Konzentrationsschwierigkeiten, erhöhte Nervosität und eine geringere Belastbarkeit sind nur einige der Symptome.

Dies führt zu einem Teufelskreis: Zu wenig Schlaf führt zu mehr Stress, und dieser Stress verhindert wiederum einen erholsamen Schlaf. Nur 20 Prozent der Erwachsenen geben an, dass ihre Schlafqualität sehr gut oder ausgezeichnet ist.[77]

Um die Tagesmüdigkeit zu bekämpfen, greifen viele zu Stimulanzien wie Koffein, um ihre Energie zu steigern. Je nach individueller Empfindlichkeit kann Koffein jedoch das Nervensystem anregen und die Ausschüttung von Stresshormonen fördern, was wiederum den Schlaf beeinträchtigt. So verstärken wir den Teufelskreis aus schlechtem Schlaf und erhöhtem Stress.[78]

Stress und Ernährung

Viele berichten, dass Stress zu ungesunden Essgewohnheiten führt, was unerwünschte Folgen wie Trägheit, ein schlechtes Körpergefühl und allgemeine Unzufriedenheit nach sich zieht. Während akuter Stress durch Adrenalin den Appetit hemmt, führt chronischer Stress zu erhöhten Cortisolwerten, die Heißhungerattacken auslösen, insbesondere auf zucker-, fett- und kalorienreiche Lebensmittel. Stress steigert das Verlangen nach Trostnahrung wie süßen Getränken und Backwaren, während die Lust auf Vollwertkost, Obst und Gemüse abnimmt.

Der vermehrte Konsum von Fast Food in Stresssituationen kann Stoffwechselprobleme verursachen. Stress und ungesunde Ernährung tragen gemeinsam zur Ansammlung von Bauchfett bei, was wiederum zusätzlichen Stress erzeugt. Eine Ernährung, die sich auf Vollwertkost wie Vollkornprodukte, Linsen, Gemüse, Obst und Nüsse konzentriert, kann hingegen den Stress reduzieren. Diese Lebensmittel liefern uns die **Nährstoffe,** die wir brauchen, um Stress abzubauen und uns ausgeglichen zu fühlen.[79]

Bewusstes Essen, gerade in stressigen Situationen, kann uns helfen, die Kontrolle über unsere Ernährung zurückzugewinnen. Das bedeutet, sich bewusst auf das Essen zu konzentrieren: Handy weglegen, den Fernseher ausschalten und eine ruhige Umgebung schaffen. Wir sollten uns Zeit für das Essen nehmen, den Geschmack und den Geruch genießen. So stopfen wir dem Stress den Mund und tun gleichzeitig etwas Gutes für unseren Körper und unsere Seele!

Stress und Bewegung

Sport ist ein effektiver Weg, um mit dem Stress des modernen Lebens umzugehen. Regelmäßige körperliche Aktivität kann nicht nur das Stressniveau senken, sondern auch vorbeugend wirken. Auf verschiedenen Ebenen verbessert Sport unsere geistige Leistungsfähigkeit, hebt die Stimmung und stärkt das Selbstbewusstsein. Während des Trainings konzentrieren wir uns auf unseren Körper und gönnen uns damit eine Art »Auszeit« vom Alltag.

Interessanterweise stellt Sport eine Form von positivem Stress dar. Obwohl sowohl Stress als auch Sport den Körper aktiviert, setzt körperliche Aktivität zusätzlich stimmungsaufhellende Botenstoffe wie Serotonin und Endorphine frei, die zu einem entspannten Zustand im Gehirn führen. Besonders bei chronischem Stress zeigt Sport positive Effekte. Selbst moderate körperliche Aktivität kann die Stresshormone senken und den Blutdruck regulieren.[80]

Um von den stressabbauenden Effekten des Sports zu profitieren, ist es nicht notwendig, intensiv zu trainieren. Schon regelmäßige Bewegung in Maßen kann große Vorteile bieten und zur Stressbewältigung beitragen.

Helfersyndrom und Hilfeverweigerung

Die Hilfe kennt zwei Extreme: Das Helfersyndrom, also Menschen, die ständig helfen möchten, und die Hilfeverweigerung, die Menschen, die auf keinen Fall Hilfe annehmen wollen. Wer ein Helfersyndrom hat, ist auch oft ein Hilfeverweigerer: ständig jemandem helfen wollen, aber selbst nie Hilfe annehmen und schon gar nicht danach fragen. Wie hängt beides zusammen?

Das Helfersyndrom, erstmals von Wolfgang Schmidtbauer in den 1980er-Jahren beschrieben, betrifft Menschen, die anderen zwanghaft helfen, um ihre eigenen Unsicherheiten zu verbergen. Durch diese Hilfeleistungen erhoffen sie sich ein gesteigertes Gefühl von Stärke und Selbstwert, während sie gleichzeitig vermeiden, sich mit ihren eigenen Schwächen auseinanderzusetzen. Probleme entstehen, wenn die Helfenden so sehr auf diese Hilfe angewiesen sind, dass sie die Hilfesuchenden unbewusst in einer Abhängigkeit halten, um ihre eigene Stabilität zu bewahren. Sie sehen das Helfen als zentralen Bestandteil ihrer Identität. Ohne das Helfen verschwindet die eigene Identität. Es handelt sich hierbei um eine verzerrte Wahrnehmung der Identität. Helfen ist kein Teil der Identität, sondern kann eine Folge daraus sein.[81]

Menschen mit Helfersyndrom fühlen sich oft nur dann beziehungsfähig, wenn sie gebraucht werden. Wenn derjenige, dem sie helfen, versucht, unabhängiger zu sein, kann dies als Undankbarkeit empfunden werden.

Das Helfersyndrom äußert sich in einer Hilfsbereitschaft, die nicht spontan ist, sondern auf der Vermeidung eigener Gefühle basiert.

Diese Personen meiden Beziehungen, in denen sie nicht die dominante, gebende Rolle einnehmen können. Sie sehnen sich übermäßig nach Stärke und empfinden Schwäche als Zeichen der Wertlosigkeit. Ein »Dankeschön« steigert ihr Ego. Fehlt die Dankbarkeit, wird aus einem »Ich tue das doch gern für dich« ein »Ich habe doch so viel für dich geta«.

Ursprünglich fühlten sich Menschen mit Helfersyndrom oft in ihrer Kindheit vernachlässigt und abgelehnt. Um dies zu kompensieren, übernehmen sie eine idealisierte Helferrolle. Ihr Selbstwertgefühl ist häufig schwach, und sie fixieren sich stark auf ihre Rolle als Helfende, was oft zur Vernachlässigung der eigenen Bedürfnisse führt. Sie verleugnen ihre eigenen Schwächen und haben

Schwierigkeiten damit, ihre eigenen Wünsche auszusprechen oder in Beziehungen Gegenseitigkeit zuzulassen, auch Kritik blockieren sie ab.[82]

Und wer keine Schwächen hat, der schafft auch alles allein und brauch keine Hilfe, richtig? Daher fragen Menschen mit einem Helfersyndrom nicht nach Hilfe und nehmen die angebotene Hilfe auch nicht an. Sie sagen sich selbst, dass sie nicht darauf angewiesen sind, aber Schwächen sind etwas Normales, wir sind nicht perfekt und deshalb sollten wir eine Kultur prägen, in der es normal ist, über sie zu sprechen und Hilfe anzunehmen.

Besonders die Momente, in denen ich selbst um Hilfe bat, erwiesen sich als heilsame Therapie für mein eigenes Helfersyndrom. Das Gefühl, wenn man die Hilfe annimmt, ist unbeschreiblich – es ist ein Gefühl der Geborgenheit, das Vertrauen, dass jemand für dich da ist, dass du für jemanden wichtig bist. Die Wärme, die von der anderen Person ausgeht, ist von unschätzbarem Wert. Das Gefühl, das man eigentlich durch die Annahme der Hilfe erwartet – Schwäche –, hat sich nicht bewahrheitet. Diese Erfahrungen nahmen mir die Angst vor eigenen Schwächen und ermöglichten es mir, offen und ehrlich darüber zu sprechen, ja sogar darüber zu lachen. Dadurch lernte ich, mein Selbstwertgefühl nicht mehr allein an meiner Fähigkeit zu messen, anderen zu helfen, sondern auch daran, dass ich meine Schwächen akzeptiere und nicht versuche, sie durch die Hilfe für andere zu kompensieren.

Der Weg des Helfens

»Wenn du eine Stunde glücklich sein willst, mach ein Nickerchen.
Wenn du einen Tag glücklich sein willst, geh fischen.
Wenn du einen Monat glücklich sein willst, heirate.
Wenn du ein Jahr glücklich sein willst, erbe ein Vermögen.
Wenn du ein Leben lang glücklich sein willst, hilf anderen.«
CHINESISCHES SPRICHWORT[83]

Helfen bedeutet nicht, die Welt zu retten. Es bedeutet, zu erkennen, wo wir anderen eine Hand reichen, ein Lächeln schenken oder beim Buseinstieg helfen können. Es sind oft kleine Momente, sei es draußen oder zu Hause. Der Moment, wenn du deinen Kleiderschrank aufmachst und bemerkst, dass du vieles nicht mehr trägst und es anderen Menschen spenden kannst. Der Moment, wenn von deiner Geburtstagsfeier noch viel Essen übrig ist und du beschließt, es an ein Obdachlosen-Café zu geben. Aufmerksame Momente, die unsere neue Sichtweise auf die Welt und unsere Menschlichkeit erfordern.

Wenn wir achtsam durchs Leben gehen, finden wir viele Gelegenheiten, anderen eine Freude zu machen.

Die richtigen Beweggründe sind dabei entscheidend dafür, ob wir wirklich glücklicher und zufriedener werden – aus innerer Überzeugung und nicht aus Pflichtgefühlen oder dem Wunsch nach Anerkennung.

Der beste Weg, anderen kontinuierlich zu helfen, ist, etwas zu tun, das einem selbst Spaß macht. Wenn wir unsere Hobbys und Talente mit dem Gedanken des Helfens verbinden, bleibt die Motivation langfristig bestehen, und unsere Freude steckt andere an. Ein Back-Enthusiast kann Obdachlose mit frisch gebackenem Kuchen versorgen. Menschen mit einem grünen Daumen, zu denen ich beispielsweise nicht zähle, könnten in einem Gemeinschaftsgarten helfen. Und bilingual Aufgewachsene könnten ihre Sprachkenntnisse nutzen, um Geflüchteten beim Neustart in ein stabiles und friedliches Leben zu helfen.

Unsere Leidenschaften sind unsere besonderen Talente beim Helfen. Jeder von uns hat einzigartige Erfahrungen und Fähigkeiten, aus denen wir schöpfen können.

Deine persönliche Geschichte kann dir helfen, dich mit den Bedürfnissen anderer zu verbinden und deine Unterstützung auf eine Weise anzubieten, die für sie besonders wertvoll ist.

Wenn du größere Projekte anstrebst, dann denke daran, dass wir gemeinsam viel mehr erreichen können. Freunde, Familie und Gemeinschaften können unsere Individualität nutzen, um noch mehr Menschen zu helfen. Hier können Ideen ausgetauscht und gegenseitige Unterstützung angeboten werden, auch wenn wir selbst einmal Hilfe benötigen. Zusammen können wir unsere Hilfsangebote effektiver gestalten. Wenn wir auf andere achten, müssen wir auch auf uns selbst achten. Es ist wichtig, unsere eigenen Bedürfnisse und Grenzen zu respektieren, um nicht in einen empathischen Stress zu geraten. Wir dürfen es nicht übertreiben und sollten uns realistische Ziele setzen und nicht zu viel von uns selbst erwarten. Wir können die Probleme anderer nicht lösen, daher sollten wir ihre Autonomie respektieren und unsere Hilfe so anbieten, dass sie annehmen oder ablehnen können, ohne sich verpflichtet zu fühlen.

Was tun, wenn jemand keine Hilfe möchte?

Es kann frustrierend sein, wenn jemand deine Hilfe ablehnt. Respektiere die persönlichen Grenzen – du kannst niemanden zwingen, Hilfe anzunehmen.

Das kannst du tun:

- Sei geduldig. Es kann Gründe geben, warum jemand zögert, um Hilfe zu bitten.
- Biete emotionale Unterstützung an und lass wissen, dass du dich sorgst und da bist, wenn derjenige seine Meinung ändert.
- Informiere darüber, wie man Hilfe erhalten kann, wenn die Person bereit ist.
- Kümmere dich um dich selbst – die Situationen anderer sollten dich nicht krank machen.

Was du nicht tun kannst:

- Zwinge nicht zum Reden. Menschen öffnen sich, wenn sie bereit dazu sein.
- Zwinge nicht, Hilfe zu suchen. Jeder hat das Recht, seine eigenen Entscheidungen zu treffen, auch wann oder ob er Hilfe sucht. Ausnahmen sind Notsituationen.
- Du kannst für andere nicht zum Arzt oder zur Therapie gehen.[84]

Was du nicht vernachlässigen solltest:

Nimm dir Zeit, um deine Erfolge zu feiern. Sei stolz auf das, was du erreicht hast. So bleibst du motiviert und inspirierst auch andere, Gutes zu tun.

Helfen ist ein bedeutender Teil eines erfüllten Lebens. Indem wir anderen helfen, machen wir nicht nur die Welt ein Stück besser, sondern finden auch einen tieferen Sinn in unserem eigenen Leben. Finde deinen Weg des Helfens und gehe ihn mit Freude und Leidenschaft an!

Epilog

SECHS HUMANVOLLE REGELN FÜR EIN SINNERFÜLLTES LEBEN

Es gibt noch so viel mehr Anekdoten, von denen ich dir erzählen könnte. Von mehr fremden Menschen, die mich lehrten, von Gesprächen, die ich führte, und Inspirationen, die mich trafen. Aber es ist genug von meinen Anekdoten. Es ist Zeit, deine eigenen zu schreiben. Es ist Zeit, für *deinen* Status zwo.

Gehe raus und mache deine eigenen Erfahrungen als Mensch, habe Angst, aber höre nicht auf sie. Habe Mut, aber sei nicht überheblich. Sei offen für das Wunder, das der Mensch ist, für das Wunder, das das Leben ist. Für diese einzigartige Gelegenheit, die nie wieder zurückkommt, ein Mensch zu sein. Aber nicht irgendein Mensch, sondern du als Mensch – etwas Einzigartiges. Baue deinen inneren Kompass zusammen und lasse dich leiten. Was kann schon schiefgehen? Für mich ist es nun an der Zeit, wieder in die Welt rauszugehen, kommst du mit?

Hinterlasse einen Fußabdruck auf der Erde, keinen ökologischen, einen Stein, den du ins Rollen gebracht hast, der sich unaufhaltsam über die Welt verbreitet. Möglicherweise wirst du nie Zeuge davon sein, aber seine Auswirkungen werden sich unaufhaltsam entfalten.

Ich habe für dich sechs Regeln aufgestellt, auf die du stets zurückgreifen kannst, um ein Leben voller Bedeutung zu führen:

1. Sei dir selbst treu

Ohne festen Standpunkt schwankst du ziellos hin und her, getrieben von der Laune anderer. Nur wenn du weißt, wer du bist, kannst du deine eigenen Entscheidungen treffen, die dich glücklich machen. Erkenne deine Werte, deine Leidenschaften und die Menschen, die dich unterstützen. Gestalte ein Leben, das deinen Vorstellungen entspricht. Kennst du deine Identität, kann dir niemand vorschreiben, wer du sein sollst – halte an ihr fest und sei ihr treu.

Die Autorin Bronnie Ware schrieb ein Buch über die fünf Dinge, die Sterbende am meisten bereuen. An erster Stelle steht der Satz: »Ich wünschte, ich hätte den Mut gehabt, ein Leben zu führen, das mir selbst entspricht, und nicht das Leben, das andere von mir erwarten.« Lass uns unser Leben selbst in die Hand nehmen, damit wir nicht mit diesem Bedauern zurückblicken müssen.[85]

Deine Individualität ist ein großes Geschenk. Sie gibt dir die Kraft, authentisch zu handeln und Entscheidungen zu treffen, die dich zu deinem idealen Ich führen.

Stelle dir diese einfache Frage: Führt mich mein Handeln zu dem Menschen, der ich sein möchte?

2. Lebe deine Menschlichkeit

In uns selbst liegt der Schlüssel zu unserer Bestimmung. Wir sind Menschen – Wesen mit der Fähigkeit, die Welt in ihrer Vielfalt zu erfassen und darauf zu reagieren. Diese Gabe eröffnet uns ein Universum voller Möglichkeiten, uns selbst und die Welt um uns herum zu erkunden. Indem wir andere Menschen kennenlernen, entdecken wir gleichzeitig Facetten unseres eigenen Ichs, denn uns alle verbindet ein unsichtbares Band der Menschlichkeit. Der Weg zu unserer Bestimmung führt über die fünf Säulen der Menschlichkeit:

Mitgefühl, Nachsicht, Humor, Neugier, Hoffnung. Diese Werte bereichern unser tägliches Leben und wir können mit ihnen wiederum das Leben unserer Mitmenschen bereichern. Nutzen wir sie, um eine menschlichere Welt zu gestalten.

3. Unterstütze die Gemeinschaft

In einer Welt, die oft schnelllebig und anonym erscheint, sehnen wir uns nach tieferen Verbindungen. Beziehungen zu pflegen, in denen wir uns verstanden und wertgeschätzt fühlen, ist dafür unerlässlich.

Wer Brücken baut, verbindet Menschen und schafft Gemeinschaften, die eine besondere Rolle spielen. Diese Brücken bieten uns nicht nur Geborgenheit, sondern auch den Nährboden, um unser volles Potenzial zu entfalten – unsere Talente, Leidenschaften und Fähigkeiten. In der Gemeinschaft finden wir den Raum, uns auszuprobieren, Neues zu lernen und unsere Gaben zum Wohle aller einzubringen.

Wir ziehen Menschen mit ähnlichen Werten und Interessen an. Diese gemeinsame Identität schafft es, aus vielen Individuen eine starke Einheit zu bilden, die mehr ist als die Summe ihrer Teile.

In der Gemeinschaft entstehen kreative Lösungen für die Herausforderungen unserer Zeit, um gemeinsam etwas zu bewegen.

4. Hilf anderen Menschen

Die Hilfe, als tiefe Überzeugung, drückt aus, dass jeder Mensch es verdient, glücklich zu sein. Machen wir andere glücklich, bauen wir das Fundament für ein sinnvolles und erfülltes Leben – die wahre Freude des Lebens.

Menschliches Miteinander ist auf gegenseitige Unterstützung angewiesen. Unsere individuellen Lebenserfahrungen, unsere Fähigkeit zur Menschlichkeit und zu gemeinschaftlichen Verbindungen bieten sich dabei als ideale Quellen der Unterstützung an. Jede kleine Geste der Freundlichkeit, jedes aufrichtige Lächeln und jedes helfende Handeln tragen dazu bei, das Leben anderer zu bereichern.

Wir haben eine Verantwortung gegenüber der Welt, die wir nicht ignorieren können. Ihr zu folgen bedeutet, über sich selbst hinauszuschauen, um die Bedürfnisse anderer wahrzunehmen und ihnen zu helfen.

5. Tue Gutes und rede darüber

Viele Menschen zögern, ihre wohlwollenden Taten öffentlich zu machen, aus der Furcht heraus, als heuchlerisch oder prahlerisch betrachtet zu werden. Sie fürchten, dass ihre Beweggründe angezweifelt werden könnten. Diese Vorstellung, dass Menschen von Natur aus egoistisch und bösartig sind, nährt dieses Vorurteil. Jedoch konnte ich persönlich das Gegenteil erleben.

Diese Zurückhaltung hat fatale Folgen. Wenn wir das Gute im Verborgenen halten, lassen wir den Eindruck entstehen, dass es in unserer Gesellschaft nur wenig Grund zur Hoffnung gibt. Wir geben den negativen Stimmen den Raum, unsere Wahrnehmung zu prägen und unsere Moral zu schwächen. Dabei ist es gerade die Offenheit und Sichtbarkeit unserer guten Taten, die den Unterschied machen kann. Indem wir uns gegen die Scham überwinden und unsere positiven Handlungen teilen, inspirieren wir andere Menschen, dem Beispiel zu folgen.

»Tue Gutes und erzähle *nicht* darüber« – dieser Lehrsatz mag in einer Zeit ohne Medien und Massenkommunikation seine Gültigkeit gehabt haben. Doch in der heutigen Zeit, in der Informationen in Windeseile verbreitet werden und Meinungen auf Knopfdruck geteilt werden können, genügt es nicht mehr, Gutes zu tun, *ohne* darüber zu sprechen.

> »Tue Gutes und rede darüber« – das sollte
> unser neuer Leitfaden sein in der Moderne.
> Indem wir unsere guten Taten sichtbar machen,
> setzen wir ein Zeichen für das Menschsein.

6. Verändere die Realität

Realismus bedeutet nicht, sich der Welt blind zu ergeben. Vielmehr geht es darum, die Realität klar und nüchtern zu betrachten, mit all ihren Herausforderungen und Widersprüchen. Diese Erkenntnis ist der erste Schritt, um sie aktiv zu gestalten.

Die Realität ist keine starre Mauer, gegen die wir machtlos anrennen. Sie ist formbar und kann durch unser Handeln verändert werden. Was wir in der Gesellschaft erleben, ist nicht in Stein gemeißelt. Es sind oft unsere eigenen Entscheidungen und Verhaltensweisen, die die Rahmenbedingungen schaffen. Realismus bedeutet auch zu erkennen, dass Menschen von Natur aus zum Guten neigen. In jedem von uns steckt das Potenzial, positive Veränderungen anzustoßen. Wie aber können wir die Realität verändern?

Der Schlüssel liegt oft in kleinen Schritten und bewusster Aufmerksamkeit. Indem wir unsere Werte im Alltag leben und achtsam mit unseren Mitmenschen und der Umwelt umgehen, können wir positive Momente schaffen, die sich wie Wellen in der Gesellschaft ausbreiten.

Gleichzeitig ist es wichtig, die eigenen Grenzen zu erkennen. Wir können nicht die gesamte Welt im Alleingang verändern. Realismus bedeutet daher auch, den Fokus auf uns selbst zu setzen. Indem wir uns verändern, unser Verhalten reflektieren und bewusster leben, verändern wir unser Umfeld und tragen so Stück für Stück zu einer besseren Realität bei.

Realismus ist also kein Pessimismus, sondern vielmehr ein Aufruf zum Handeln. Mit klarem Blick und voller Hoffnung können wir die Welt zu einem besseren Ort machen.

●　●

Der Mann, Anfang dreißig, erhebt sich, nimmt seine Sonnenbrille und streckt dir freundlich die Hand entgegen. Mit einem warmen Lächeln sagt er: »Ich bin Patrick, schön dich kennengelernt zu haben.« Ihr schüttelt euch die Hände, und du stellst dich ebenfalls vor. Nachdem er deine Hand losgelassen hat, dreht er sich um und geht. Dein Blick wandert zu seinem Tisch, wo du neben der leeren Kaffeetasse ein Buch bemerkst, das er offenbar vergessen hat. Du schaust dich nach ihm um, doch er ist verschwunden. Neugierig stehst du auf, beugst dich über den Nebentisch und nimmst das Buch in die Hand. Der Titel lautet »humanvoll – Wie ich begann, Menschen glücklich zu machen, und dabei entdeckte, dass darin die wahre Freude des Lebens liegt«. Ein Zettel ragt aus einer der Seiten hervor. Du ziehst ihn heraus und liest die handgeschriebenen Worte:

»Vergänglich ist nur das,
was man für sich behält.
Alles Liebe, Patrick«

●　●

Anmerkungen / Literaturverzeichnis

1   Pérez, Pauline; Madsen, Jens; Banellis, Leah; Cruse, Damian; Parra, Lucas C.; Sitt, Jacobo D. (2021): »Conscious processing of narrative stimuli synchronizes heart rate between individuals«; In: Cell Reports, Vol. 36(11); DOI: https://doi.org/10.1016/j.celrep.2021.109692.

2   Watts, Alan W. (1992): »Alan Watts Teaches Meditation«; Renaissance Audio.

3   König, Karl (2007): »Abwehrmechanismen«; Vandenhoeck & Ruprecht, Göttingen; S. 18–82.

4   https://bba.org.in/our-founder/ (abgerufen am 24. Juli 2024).

5   CNN (2015): »Nobel laureate Kailash Satyarthi: 168M children are full-time child laborers«; https://cnnpressroom.blogs.cnn.com/2015/08/02/nobel-laureate-kailash-satyarthi-168m-children-are-full-time-child-laborers/ (abgerufen am 24. Juli 2024).

6   Sidney Muntean (2022): »Journey to the Center: Why identity is important«; TEDx Orange County School of Arts; URL: https://www.youtube.com/watch?v=hFSLsZqVFiM&t=103s (abgerufen am 3. März 2024).

7   Campbell, Leigh (18. Oktober 2017): »We've broken down your entire life into years spent doing tasks«; Huffington Post; URL: https://www.huffpost.com/entry/weve-broken-down-your-entire-life-into-years-spent-doing-tasks_n_61087617e4b0999d2084fec5 (abgerufen am 6. März 2024).

8   Wagener, Andreas (2012): »Vom Wert der Zeit – wie man Äpfel mit Stunden vergleicht«, In: Unimagazin – Zeitschrift der Leibniz Universität Hannover, Ausgabe 03/04 2012; S. 56–59.

9   Bundesministerium für Bildung und Forschung (August 2020): »Zukunft von Wertvorstellungen der Menschen in unserem Land«; URL: https://www.vorausschau.de/SharedDocs/Downloads/vorausschau/de/BMBF_Foresight_Wertestudie_Kurzfassung.pdf?__blob=publicationFile&v=1 (abgerufen am 4. März 2024); S. 68; S.188.

10 Rainey, Larissa (2014): »The Search of Purpose in Life: An Exploration of Purpose, the Search Process, and Purpose Anxiety«; URL: https://www.researchgate.net/publication/304087988_The_Search_for_Purpose_in_Life_An_Exploration_of_Purpose_the_Search_Process_and_Purpose_Anxiety (abgerufen am 14. April 2014).

11 Lally, Phillippa (2010): »How are habits formed: Modelling habit formation in the real world«; In: European Journal of Social Psychology; Volume 40, Issue 6; URL: https://doi.org/10.1002/ejsp.674 (abgerufen am 4. März 2024).

12 Robbins, Mel (Juni 2011): »How to stop screwing yourself over«; TEDxSF; URL: https://www.ted.com/talks/mel_robbins_how_to_stop_screwing_yourself_over?language=en (abgerufen am 13. April 2024).

13 Frobeen, Anne (Oktober 2022): »Neurowissenschaftlerin Dr. Olga Klimecki im Interview über Mitgefühl«; URL: https://www.tk.de/techniker/magazin/life-balance/stress-bewaeltigen/interview-olga-klimecki-neurowissenschaft-mitgefuehl-2138224?tkcm=aaus (abgerufen am 26. April 2024).

14 Vgl. Claghorn, Kristine (Februar 2016): »Compassion vs. Empathy«; URL. https://www.claggie.com/journal/2022/2/16/compassion-vs-empathy (abgerufen am 15. April 2024).

15 Singer, Tania; Klimecki, Olga M. (22. September 2014): »Empathy and compassion«; In: Current Biology, Volume 24, Nummer 18; DOI: https://doi.org/10.1016/j.cub.2014.06.054 (abgerufen am 26. April 2024).

16 Bartens, Werner (2017): »Empathie – Die Macht des Mitgefühls«; Droemer Verlag, München; S. 134.

17 Amen, Daniel G. (2023): »Happy Brain – Happy You. Wie Glück das Gehirn gesund hält und den Körper von Krankheiten schützt«; riva Verlag, München; S. 100 ff.

18 Lenger, Melanie (2023): »Oxytocin: Mehr als nur ein Liebeshormon«; Medizinische Universität Graz; URL: https://www.medunigraz.at/news/detail/oxytocin-mehr-als-nur-ein-liebeshormon (abgerufen am 22. März 2024).

19 Fredrickson, Barbara L.; Cohn, Michael A.; Coffey, Kimberley A.; Pek, Jolynn; Finkel, Sandra M. (2008): »Open hearts build lives: Positive emotions, induces through loving-kindness meditation, build consequential personal resources«; In: Journal of Personality and Social Psychology; 95(5); S. 1045–1062; URL: https://doi.org/10.1037/a0013262.

20 Orellana-Rios, Claudia Lorena; Anton, Andres; Radbruch, Lukas; Schmidt, Stefan (Februar 2022): »Mitgefühl ist unser Auftrag – Implementierung eines Achtsamkeits- und Mitgefühltrainings in einem Palliativzentrum«; In: Bewusstseinswissenschaften, 2/2022, S. 16–45; URL: https://www.researchgate.net/publication/366177514_Mitgefuhl_ist_unser_Auftrag_Implementierung_eines_Achtsamkeits-_und_Mitgefuhltrainings_in_einem_Palliativzentrum (abgerufen am 12. April 2024).

21 Tanner, Mirjam (24. Oktober 2016): »Self-Compassion and Compassion Focused Therapy«; Kolloquium für Psychotherapie und Psychosomatik; URL: https://www.usz.ch/app/uploads/2021/01/Praesentation_Tanner.pdf (abgerufen am 12. April 2024).

22 Technische Universität Darmstadt (o. a.): »Die Metta-Meditation«; URL: https://www.hda.tu-darmstadt.de/impulse_hda/wohlbefinden_hda/koerper_emotionen_gedanken_gute_beziehungen/details_45568.de.jsp (abgerufen am 14. April 2024).

23 Kaur, Maganpreet (2012): »Media and Violence« in Youth: A Study in the context of the »Mean World Syndrome«; In: International Journal of Psychology and Counseling; Volume 2, Nr. 1; S. 31–36; DOI: http://dx.doi.org/10.37622/IJPC/2.1.2012.31-36.

24 Chalabi, Monan (20. Juli 2018): »Terror attacks by Muslims receive 357% more press attention, study finds«; URL: https://www.theguardian.com/us-news/2018/jul/20/muslim-terror-attacks-press-coverage-study; (abgerufen am 26. März 2024).

25 Roser, Max (2016): »The short history of global living conditions and why it matters that we know it«; URL: https://ourworldindata.org/a-history-of-global-living-conditions (abgerufen am 26. März 2024).

26 Hare, Brian (2017): »Survival of the Friendliest: Homo sapiens Evolves via Selection for Prosociality«; In: Annual Review of Psychology; 68(1); Januar 2017; DOI: 10.1146/annurev-psych-010416-044201.

27 Marshall, Samuel Lyman Atwood (2000): »Men against fire – The Problem of Battle Command«; University of Oklahoma Press, Norman; Oklahoma Press edition; S. 54; siehe auch: Bregman, Rutger (2020): »Im Grunde gut – Eine neue Geschichte der Menschheit«; Rowohlt Verlag, Hamburg; S. 135 ff.

28 Marshall, Samuel Lyman Atwood (2000): »Men against fire – The Problem of Battle Command«; University of Oklahoma Press, Norman; Oklahoma Press edition; S. 79.

29 Spitzer, Nils (2009): »Die therapeutische Verringerung einer modernen Tugend? Perfektionismus kognitiv umstrukturieren.«; In: Verhaltenstherapie & psychosoziale Praxis, Nr. 41(2), S. 9.

30 Neff, Kristin (o. a.): »About Dr. Kristin Neff«; URL: https://self-compassion.org/kristin-neff/ (abgerufen am 24. März 2024).

31 Neff, Kristin (o. a.): »Exercise 1: How would you threat a friend?«; URL: https://self-compassion.org/exercises/exercise-1-how-would-you-treat-a-friend/ (abgerufen am 24. März 2024).

32 Laird, Eileen; Podcast »Phoenix Helix«; Episode 80: »Self-Compassion with Dr. Kristin Neff«. Siehe auch: Neff, Kristin (o. a.): »What is Self-Compassion?«; URL: https://self-compassion.org/what-is-self-compassion/#what-is-self-compassion (abgerufen am 24. März 2024).

33 Ebd.

34 Neff. Kristin (o. a.): »What is Self-Compassion?«; URL: https://self-compassion.org/what-is-self-compassion/#what-is-self-compassion (abgerufen am 24. März 2024).

35 Martin, Rod A. (2007): »The Psychology of Humor – An Integrative Approach«; Elsevier Academic Press; Kapitel 1.

36 Abrahams, Matt (2020): »Make 'Em Laugh: How Humor Can Be the Secret Weapon in Your Communication«; Podcast: Think Fast, Talk Smart: Communication Techniques; Stanford Graduate School of Business; URL: https://www.gsb.stanford.edu/insights/make-em-laugh-how-humor-can-be-secret-weapon-your-communication (abgerufen am 29. März 2023).

37 Wanzer, Melissa; Booth-Butterfield, Melanie; Booth-Butterfield, Steve (2005): »If we didn't use humor, we'd cry: humorous coping communication in health care settings«; In: Journal of Health Communication, 10(2): 105–25; DOI: https://doi.org/10.1080/10810730590915092.

38 Whipple, Carol (2018): »Connecting Laughter, Humor and Good Health«; University of Kentucky; URL: https://fcs-hes.ca.uky.edu/sites/fcs-hes.ca.uky.edu/files/hsw-caw-807_0.pdf (abgerufen am 29. März 2024).

39 Pattillo, Charlene Gayle Story; Itano, Joanne (2001): »Laughter is the Best Medicine«; Oncology Nursing Update 2001; University of Texas Medical Branch; URL: https://www.utmb.edu/gem/pdfs/laughter.pdf (abgerufen am 29. März 2024).

40 Whipple, Carol (2018): »Connecting Laughter, Humor and Good Health«; University of Kentucky; URL: https://fcs-hes.ca.uky.edu/sites/fcs-hes.ca.uky.edu/files/hsw-caw-807_0.pdf (abgerufen am 29. März 2024).

41 Cardini, Brian (o. a.): »Nehmen Sie's mit Humor«; Universität Zürich, Psychologisches Institut; URL: https://www.psychologie.uzh.ch/de/bereiche/dev/lifespan/erleben/berichte/humor.html (abgerufen am 29. März 2024). Siehe auch: Lonczak, Heather S. (2020): »Humor in Psychology: Coping and Laughing Your Woes Away«; URL: https://positivepsychology.com/humor-psychology/#dark (abgerufen am 29. März 2024).

42 Lonczak, Heather S. (2020): »Humor in Psychology: Coping and Laughing Your Woes Away«; URL: https://positivepsychology.com/humor-psychology/#dark (abgerufen am 29. März 2024).

43 Ehrenmüller, Katharina (2024): »Lust auf Zukunft? Wie wir wieder lernen neugierig zu sein«; TEDxKollerschlag; URL: https://www.youtube.com/watch?v=AW9kiPASMNQ (abgerufen am 10. Mai 2024).

44 Kashdan, Todd (2009): »Curious? Discover the Missing Ingredient to a Fulfilling Life«; HarperCollins e-books; S. 3 ff.

45 Kashdan, Todd (2009): »Curious? Discover the Missing Ingredient to a Fulfilling Life«; HarperCollins e-books; S. 167 f.

46 King; Martin Luther (28. August 1963): »I Have a Dream«; Rede; URL: https://www.ruhr-uni-bochum.de/gna/Quellensammlung/10/10_mlkihaveadream_1963.htm (abgerufen am 02. Mai 2024).

47 Kashdan, Todd (2009): »Curious? Discover the Missing Ingredient to a Fulfilling Life«; HarperCollins e-books; S. 35 ff.

48 Hellman, Chan (2018): »The Science and Power of Hope: It's About Taking Charge of Your Future«; Bainbridge Island Review; URL: https://www.bainbridgereview.com/opinion/the-science-and-power-of-hope-its-about-taking-charge-of-your-future-teenage-pressure-cooker/?blm_aid=0 (abgerufen am 15. Mai 2024).

49 American Psychological Association (2023): »Speaking of Psychology: Why we need hope, with Chan Hellman, PhD, and Jaqueline Mattis, Phd«; Podcast: Speaking of Psychology; Episode 265.

50 Gwinn, Casey; Hellman, Chan (2022): »HOPE Rising – How the Science of HOPE Can Change Your Life«; Morgan James Publishing, New York; S. 34 ff. (Kapitel 2).

51 American Psychological Association (2023): »Speaking of Psychology: Why we need hope, with Chan Hellman, PhD, and Jaqueline Mattis, Phd«; Podcast: Speaking of Psychology; Episode 265.

52 Gwinn, Casey; Hellman, Chan (2022): »HOPE Rising – How the Science of HOPE Can Change Your Life«; Morgan James Publishing, New York; S. 105 ff. (Kapitel 8).

53 Snyder, Charles R.; Harris, Chari; Anderson, John R.; Holleran, Sharon A.; Irving, Lori M.; Sigmon, Sandra T.; Yoshinobu, Lauren; Gibb, June; Langelle, Charyle; Harney, Pat (1991): »The will and the way: Development and validation of an individual-differences measure of hope«; In: Journal of Personality and Social Psychology, 60(40), S. 570–685; DOI: https://doi.org/10.1037/0022-3514.60.4.570. Siehe auch: Gwinn, Casey; Hellman, Chan (2022): »HOPE Rising – How the Science of HOPE Can Change Your Life«; Morgan James Publishing, New York; S. 70 ff. (Kapitel 5).

54 Haupt, Angela (2023): »How to Cultivate Hope When You Don't Have Any«; TIME USA; URL: https://time.com/6327444/how-to-be-more-hopeful/ (abgerufen am 15. Mai 2024).

55 Gwinn, Casey; Hellman, Chan (2022): »HOPE Rising – How the Science of HOPE Can Change Your Life«; Morgan James Publishing, New York; S. 203 ff. (Kapitel 15).

56 Lowe, Toby (2021): »What is ›community‹ and why is it important?«; Centre for Public Impact; URL: https://www.centreforpublicimpact.org/insights/what-is-community-and-why-is-it-important (abgerufen am 15. Mai 2024).

57 Ebd.

58 Novotney, Amy (2019): »The risk of social isolation«; In: Monitor on Psychology, 50(5); S. 32.

59 Stein, Samantha (2023): »The Importance of Community«; Psychology Today; URL: https://www.psychologytoday.com/us/blog/what-the-wild-things-are/202307/the-importance-of-community (abgerufen am 15. Mai 2024).

60 Wlodarek, Eva: »Gute Beziehungen besser pflegen: Mit diesen 5 Tipps erreichen Sie dauerhaft einen positiven Kontakt!«; URL: https://www.youtube.com/watch?v=MrzwVYZAzag (abgerufen am 15. Mai 2024).

61 Kashdan, Todd (2009): »Curious? Discover the Missing Ingredient to a Fulfilling Life«; HarperCollins e-books; S. 127 ff.

62 Ebd.

63 Ebd.

64 Ebd.

65 Kashdan, Todd (2009): »Curious? Discover the Missing Ingredient to a Fulfilling Life«; HarperCollins e-books; S. 127 ff.

66 Stahl, Stefanie (2017): »Jeder ist beziehungsfähig – Der goldene Weg zwischen Nähe und Freiheit«; Kailash Verlag, München; 5. Auflage; S. 123 ff.

67 Graness, Anke (2014): »Ubuntu – Afrikanischer Humanismus oder postkoloniale Ideologie?«; In: polylok – Zeitschrift für interkulturelles Philosophieren; NR. 31; S. 85 ff.

68 Gade, Christian B. N. (2011): »The Historical Development of the Written Discourses on Ubuntu«; In: South African Journal of Philosophy, Vol. 30(3); S. 304 ff.

69 Institut für Friedenspädagogik Tübingen e. V. (2009): »Bischof Tutu erklärt Ubuntu«; URL: https://www.youtube.com/watch?v=E625cR7zcws (abgerufen am 15. Mai 2024).

70 Werkstatt Ökonomie e. V.; Kirchliche Arbeitsstelle Südliches Afrika (KASA) (2021): »Südafrika im Unterricht«; URL: https://www.kasa.de/fileadmin/user_upload/KASA_2021_SiU_Ubuntu_NRW_Zusammenfassung.pdf; (abgerufen am 15. Mai 2024).

71 Suttie, Jill (2023): »How Small Acts of Kindness Can Help With Anxiety«; Greater Good Magazine at the University of California, Barkley; URL: https://greatergood.berkeley.edu/article/item/how_small_acts_of_kindness_can_help_with_anxiety#:~:text=Results%20showed%20that%2C%20after%20the,and%20higher%20satisfaction%20with%20life (abgerufen am 16. Mai 2024).

72 Kirby, James (2024): »Why Random Acts of Kindness Matter«; Faculty of Health and Behavioural Science at the University of Queensland, Australia; URL: https://habs.uq.edu.au/blog/2023/02/why-random-acts-kindness-matter (abgerufen am 16. Mai 2024).

73 Hoffmann, Bobby (2017): »3 Reasons Why People Refuse to Help Others«; Psychology Today; URL: https://www.psychologytoday.com/intl/blog/motivate/201710/3-reasons-why-people-refuse-help-others (abgerufen am 16. Mai 2024).

74 Breithaupt, Fritz (2009): »Kulturen der Empathie«; Suhrkamp Verlag, Frankfurt am Main; erste Auflage; S. 18 ff.

75 Martin, Loren J.; Hathaway, Georgia; Isbester, Kelsey; Mirali, Sara; Acland, Erinn L.; Niederstrasser, Nils; Slepian, Peter M.; Trost, Zina; Bartz, Jennifer A.; Sapolsky, Robert M.; Sternberg, Wendy F.; Levitin, Daniel J.; Mogil; Jeffrey S. (2015): »Reducing Social Stress Elicits Emotional Contagion of Pain in Mouse and Human Stranger«; In: Current Biology, Vol. 25(3); S. 326–332; DOI: https://doi.org/10.1016/j.cub.2014.11.028.

76 Smith, Morgan (2023): »Harvard-trained psychologist shares 3 signs you're addicted to stress: ›It's a lot more common than you think‹«; CNBC LLC.; URL: https://www.cnbc.com/2023/05/07/harvard-trained-psychologist-reveals-3-signs-youre-addicted-to-stress.html (abgerufen am 17. Mai 2024).

77 American Psychological Association (2013): »Stress and Sleep«; URL: https://www.apa.org/news/press/releases/stress/2013/sleep (abgerufen am 17. Mai 2024).

78 American Psychological Association (2013): »Stress and Sleep«; URL: https://www.apa.org/news/press/releases/stress/2013/sleep (abgerufen am 17. Mai 2024). Siehe auch: Martire, Viviana Lo; Caruso, Danila; Palagini, Laura; Zoccoli, Giovanna; Bastianini, Stefano (2020): »Stress & sleep: A relationship lasting a lifetime«; In: Neuroscience & Biobehavioral Reviews; Vol. 117; S. 65–77; DOI: https://doi.org/10.1016/j.neubiorev.2019.08.024.

79 Graber, Eric (2021): »Nutrition and Stress: A Two-way Street«; American Society for Nutrition; URL: https://nutrition.org/nutrition-and-stress-a-two-way-street/ (abgerufen am 17. Mai 2024).

80 Chen, Chong; Nakagawa, Shin; An, Yan; Ito, Koki; Kitaichi, Yuji; Kusumi, Ichiro (2016): »The exercise-glucocorticoid paradox: How exercise is beneficial to cognition, mood, and the brain while increasing glucocorticoid levels«; In: Frontiers in Neuroendocrinology, Vol 44; S. 803–102; DOI: doi.org/10.1016/j.yfrne.2016.12.001.

81 Schmidtbauer, Wolfgang (1977): »Die hilflosen Helfer«; Rowohlt Buchverlag. Siehe auch Rhein-Maas-Klinik, URL: https://www.rheinmaasklinikum.de/Inhalt/Patienten/_doc/Evangelische/Helfersyndrom2.pdf (abgerufen am 16. Mai 2024).

82 Ebd.

83 Lyubomirsky, Sonja (2010): »Happiness for a Lifetime«; Greater Good Science Center at the University of California, Berkley; URL: https://greatergood.berkeley.edu/article/item/happiness_for_a_lifetime (abgerufen am 19. Mai 2024).

84 Mind (o. a.): »Seeking help for a mental health problem«; URL: https://www.mind.org.uk/information-support/guides-to-support-and-services/seeking-help-for-a-mental-health-problem/helping-someone-else-seek-help/ (abgerufen am 19. Mai 2024).

85 Ware, Bronnie (2012): »THE TOP FIVE REGRETS of the DYING – A Life Transformed by the Dearly Departing«; Balboa Press; S. 74 ff.